Français

Méthodes
& Techniques

CLASSES DES LYCÉES

Les épreuves du BAC

PROGRAMME 2011
Nouveaux objets d'étude

Christophe Desaintghislain
Sébastien Hébert
Patrick Wald Lasowski

Nathan

SOMMAIRE

Les objets d'étude

Genres et mouvements

Langue

Les épreuves du bac

ÉPREUVE ÉCRITE | **Durée de l'épreuve : 4 heures**

Coefficients : 3 en série L, 2 en série ES et S, 2 en séries STT, SMS, STL, STI, hôtellerie, techniques de la musique et de la danse.

Les sujets prennent appui sur un ensemble de textes (corpus) distribués au candidat, éventuellement accompagnés par un document iconographique si celui-ci contribue à la compréhension ou enrichit la signification de l'ensemble. Ce corpus pourra également consister en une œuvre intégrale brève ou un extrait long (n'excédant pas trois pages). Il doit être représentatif d'un ou de plusieurs objets d'étude du programme de Première imposés dans la série du candidat.

Une ou deux questions portant sur le corpus et appelant des réponses rédigées peuvent être proposées aux candidats. Elles font appel à leurs compétences de lecture et les invitent à établir des relations entre les différents documents. Le nombre de points attribués aux questions n'excède pas 4 points dans les sujets des séries générales et 6 points dans les sujets des séries technologiques.

Le sujet offre aux candidats le choix entre trois types de travaux d'écriture, liés à la totalité ou à une partie des textes étudiés : un commentaire ou une dissertation ou une écriture d'invention. Cette production écrite est notée au minimum sur 16 points pour les sujets des séries générales et sur 14 points pour les sujets des séries technologiques.

Le commentaire porte sur un texte littéraire. En séries générales, le candidat compose un devoir qui présente de manière organisée ce qu'il a retenu de sa lecture, et justifie son interprétation et ses jugements personnels. En séries technologiques, le sujet est formulé de manière à guider le candidat dans son travail.

La dissertation consiste à conduire une réflexion personnelle et argumentée à partir d'une problématique littéraire issue du programme de français.

L'écriture d'invention contribue, elle aussi, à tester l'aptitude du candidat à écrire un texte, en liaison avec celui ou ceux du corpus, et en fonction d'un certain nombre de consignes rendues explicites par le libellé du sujet. Elle se fonde sur les contraintes littéraires des genres inscrits au programme de la classe de Première. Elle s'inscrit dans les orientations suivantes :

- article ;
- lettre ;
- monologue délibératif, dialogue ;
- discours devant une assemblée ;
- essai ;
- récit à visée argumentative sous forme de fable, d'apologue...

En plus pour la série littéraire :

- amplification.

ÉPREUVE ORALE | **Durée : 20 minutes ; préparation 30 minutes**

Coefficients : 2 ou 1 suivant la série

L'examen oral a pour but d'évaluer la capacité du candidat à mobiliser ses connaissances. Il doit lui permettre de manifester ses compétences de lecture, d'exprimer une sensibilité et une culture personnelles, et de manifester sa maîtrise de l'expression orale ainsi que son aptitude à dialoguer avec l'examinateur.

En vue de l'examen oral, le professeur rédige pour l'ensemble des élèves de sa classe un « descriptif des lectures et activités » réalisées pendant l'année.

L'examen oral se déroule en deux parties de chacune 10 minutes qui s'enchaînent, et sont précédées d'un temps de préparation unique de 30 minutes. Chacune des deux parties est évaluée sur 10 points.

La première partie de l'épreuve

L'extrait est tiré d'un des groupements de textes ou d'une des œuvres intégrales étudiées en lecture analytique figurant sur le descriptif.

La question. Une question écrite amène le candidat à étudier, en lien avec l'objet d'étude ou les objets d'étude retenu(s), un aspect essentiel du texte.

L'exposé du candidat. Le candidat fait une lecture à haute voix. L'exposé est ordonné. Il présente les éléments d'une réponse organisée à la question posée.

La seconde partie de l'épreuve

L'*entretien*. L'examinateur cherche à ouvrir des perspectives, à élargir la réflexion, à mesurer les connaissances du candidat, à apprécier l'intérêt du candidat pour les textes qu'il a étudiés, à tirer parti de ses lectures et de ses activités personnelles.

L'examinateur cherche à évaluer un ensemble de connaissances et de compétences issues des lectures de l'année.

Bulletins officiels du 28 juin 2001
et du 2 janvier 2003 (extraits).

Les objets d'étude

Objet d'étude 2de

chapitre 1

REPÈRES

Le roman et la nouvelle au XIXe siècle : le réalisme et le naturalisme

À l'opposé du romantisme du début du siècle, un grand nombre d'artistes manifestent le désir de représenter la réalité de leur temps. Le réalisme se définit comme « la littérature du vrai », représentant des situations concrètes et proches du lecteur. Cette conception de l'art aboutit, dans les années 1880, à la création par Émile Zola du mouvement naturaliste.

1. Le triomphe du réalisme et du naturalisme

→ **Le projet réaliste.** Dans la première moitié du XIXe siècle, Stendhal et Balzac ont pour ambition de faire de la littérature le reflet de la réalité : « Un roman est un miroir que l'on promène sur une grande route », écrit Stendhal. Avec *La Comédie humaine*, Balzac veut dresser le tableau de la société, du haut en bas de l'échelle sociale.

→ **Le projet naturaliste.** Avec Émile Zola, le réalisme se transforme en école littéraire. L'écrivain veut montrer l'influence de l'hérédité et de l'éducation sur les membres d'une même famille. Les vingt volumes des *Rougon-Macquart* provoquent le scandale en décrivant l'alcoolisme ou la prostitution. Zola rassemble une génération de jeunes écrivains, comme Maupassant, Mirbeau ou Huysmans, qui font de l'exploration du réel l'enjeu de leurs romans et nouvelles.

2. Les principes du réalisme et du naturalisme

→ **Représenter la société dans tous ses aspects.** L'écrivain réaliste veut reproduire dans son œuvre la globalité de la société dans laquelle il vit. Il explore la diversité des milieux et des rapports qu'entretiennent les individus.

→ **Donner l'illusion de la réalité.** L'écrivain réaliste cherche à faire du roman le reflet le plus exact possible du monde réel. Il multiplie les effets de réel, comme la description minutieuse d'objets familiers, le recours au langage technique ou argotique, la mise en valeur d'un détail qui donne une impression de vérité.

→ **S'appuyer sur une démarche scientifique.** L'écrivain naturaliste va plus loin encore : il utilise la recherche documentaire et enquête sur les lieux de l'action de son roman. Il s'appuie sur des théories scientifiques, comme les lois de l'hérédité, pour imiter mais aussi tenter d'expliquer la réalité.

3. Les thèmes essentiels du réalisme et du naturalisme

→ **L'ascension sociale et la chute.** Le roman ou la nouvelle racontent l'itinéraire de personnages qui cherchent leur place dans la société. Ils luttent pour réussir, mais leur quête se heurte aux obstacles d'une société impitoyable.

→ **La misère du peuple.** Le roman réaliste représente les déshérités de la ville ou de la campagne, victimes de la pauvreté et de l'injustice.

→ **La puissance de l'argent.** Le romancier souligne le pouvoir de l'argent, les mécanismes qui permettent aux ambitieux de s'enrichir au détriment des plus naïfs.

→ **L'amour et le désenchantement.** Le héros réaliste affronte les préjugés d'une société dans laquelle l'amour romantique n'a pas sa place.

EXEMPLE

À travers ses contes et nouvelles, Guy de Maupassant explore toute la société du XIXe siècle. Chaque personnage prend vie en quelques lignes et capte immédiatement l'attention du lecteur.

Monsieur et Madame Serbois achevaient de déjeuner, d'un air morne, l'un en face de l'autre.

Mme Serbois, une petite blonde à la peau rose, aux yeux bleus, aux gestes tendres, mangeait lentement sans lever la tête, comme si une pensée triste et persistante l'eût poursuivie.

Serbois, grand, fort, avec des favoris, un air de ministre ou d'agent d'affaires, semblait nerveux et préoccupé.

Enfin il prononça, comme se parlant à lui-même :

« Vraiment, c'est bien étonnant ! »

Sa femme demanda : « Quoi donc, mon ami ?

– Que Vaudrec ne nous ait rien laissé. »

Mme Serbois rougit ; elle rougit brusquement comme si un voile rose se fût étendu tout à coup sur sa peau en montant de la gorge au visage, et elle dit :

« Il y a peut-être un testament chez le notaire. Nous n'en saurions rien encore. »

Et elle avait l'air de savoir, en vérité, Serbois réfléchit : « Oui, c'est possible. Car, enfin ce garçon était notre meilleur ami à tous les deux. Il ne quittait pas la maison, il dînait ici tous les deux jours ; je sais bien qu'il te faisait beaucoup de cadeaux et que c'était une manière comme une autre de payer notre hospitalité, mais vrai, quand on a des amis comme nous, on pense à eux par testament. [...] »

Alors sa femme prononça d'une voix hésitante : « Si tu veux, nous irons après le déjeuner chez maître Lamaneur, et nous saurons à quoi nous en tenir. »

Il déclara : « Oui. Je ne demande pas mieux. »

Et comme il s'était noué une serviette autour du cou pour ne point jeter de sauce sur ses vêtements, il avait l'air d'un décapité parlant avec ses beaux favoris se découpant en noir sur le linge blanc et sa figure de maître d'hôtel de bonne maison.

GUY DE MAUPASSANT, *Le Legs*, 1884.

Questions

1. Relevez les caractéristiques des deux personnages. Quelles indications donnent à leurs portraits une dimension réaliste ?

2. Quelle est la préoccupation essentielle de Serbois ? Montrez comment les deux personnages forment un couple contrasté dans cette scène.

3. À travers quels détails le romancier recrée-t-il la réalité ?

REPÈRES

La tragédie et la comédie au XVIIe siècle : le classicisme

Le siècle de Louis XIV se donne pour objectif de faire du « bon goût » le principe qui régit toutes les formes d'art. Pour les écrivains classiques, il est nécessaire d'appliquer les règles de la raison à leurs écrits. Le théâtre devient ainsi le lieu où se manifeste de la manière la plus éclatante cet idéal esthétique.

1. Les principes du classicisme

Les classiques partagent une même vision de l'art et de l'homme. Les théoriciens élaborent les règles du beau, fondées sur la lecture des œuvres de l'Antiquité.

→ **Plaire et instruire.** L'art doit d'abord émouvoir, c'est-à-dire provoquer le rire ou les larmes. Mais il doit également apporter un enseignement moral de manière à corriger les hommes.

→ **Rechercher la clarté.** Pour l'écrivain classique, la beauté passe d'abord par la simplicité et le naturel. Il faut toucher le public par des œuvres fortes et capables de plaire à tous, aux courtisans comme aux bourgeois.

→ **Respecter les règles.** Au théâtre, les règles ont pour but de concentrer l'attention et l'émotion du spectateur. L'unité de lieu, de temps et d'action, le respect de la vraisemblance et de la bienséance apparaissent comme nécessaires. Sans elles, l'idéal d'équilibre ne saurait être atteint.

2. La tragédie classique

Corneille et Racine sont les principaux représentants de la tragédie classique. Celle-ci met en scène un conflit qui oppose les hommes entre eux.

→ **La construction de la tragédie.** La tragédie classique est une pièce de théâtre divisée en cinq actes, écrite en alexandrins, dont le sujet est emprunté à l'Antiquité. Elle met en scène des personnages illustres confrontés à la fatalité de leur destin.

→ **Les objectifs de la tragédie.** La tragédie met en scène une crise à l'issue fatale. Les personnages sont conduits à la catastrophe par leurs actions, dictées par les passions. L'action théâtrale parvient ainsi à exciter la terreur et la pitié du spectateur devant les faiblesses de l'être humain.

3. La comédie classique

En appliquant les règles du classicisme à la comédie, Molière attire dans les théâtres un public nouveau, sensible au divertissement qu'il propose.

→ **La construction de la comédie.** La comédie classique met en scène des personnages ordinaires, issus du peuple et de la bourgeoisie, qui vivent une intrigue dont le dénouement est forcément heureux. Elle est le plus souvent écrite en prose, dans un niveau de langage adapté aux personnages. La « grande comédie » cependant se développe en cinq actes écrits en vers.

→ **Les objectifs de la comédie.** La comédie devient un genre noble en abandonnant progressivement la grossièreté qui caractérise la farce. Elle joue sur toutes les nuances du rire afin de corriger les mœurs : en mettant sur la scène des personnages dans lesquels le spectateur se reconnaît, elle souligne et dénonce les défauts ordinaires des hommes.

Dans La Critique de l'École des femmes, *Molière met sur la scène le débat provoqué par ses pièces. Lysidas défend l'idée que la comédie est un genre mineur, inférieur à la tragédie. Uranie et Dorante défendent pour leur part l'intérêt de la comédie.*

DORANTE. – Vous croyez donc, Monsieur Lysidas, que tout l'esprit et toute la beauté sont dans les poèmes sérieux, et que les pièces comiques sont des niaiseries qui ne méritent aucune louange ?

URANIE. – Ce n'est pas mon sentiment, pour moi. La tragédie, sans doute, est quelque chose de beau quand elle est bien touchée ; mais la comédie a ses charmes, et je tiens que l'une n'est pas moins difficile à faire que l'autre.

DORANTE. – Assurément, Madame, et quand, pour la difficulté, vous mettriez un plus du côté de la comédie, peut-être que vous ne vous abuseriez pas. Car enfin, je trouve qu'il est bien plus aisé de se guinder sur de grands sentiments, de braver en vers la Fortune, accuser les Destins, et dire des injures aux dieux, que d'entrer comme il faut dans le ridicule des hommes, et de rendre agréablement sur le théâtre les défauts de tout le monde. Lorsque vous peignez des héros, vous faites ce que vous voulez ; ce sont des portraits à plaisir, où l'on ne cherche point de ressemblance ; et vous n'avez qu'à suivre les traits d'une imagination qui se donne l'essor, et qui souvent laisse le vrai pour attraper le merveilleux. Mais lorsque vous peignez les hommes, il faut peindre d'après nature ; on veut que ces portraits ressemblent ; et vous n'avez rien fait si vous n'y faites reconnaître les gens de votre siècle. En un mot, dans les pièces sérieuses, il suffit, pour n'être point blâmé, de dire des choses qui soient de bon sens, et bien écrites : mais ce n'est pas assez dans les autres ; il y faut plaisanter ; et c'est une étrange entreprise que celle de faire rire les honnêtes gens.

MOLIÈRE, *La Critique de l'École des femmes*, scène 6, 1663.

Questions

1. Quels arguments Uranie et Dorante apportent-ils pour défendre la comédie ?
2. Que reproche Dorante à la tragédie ?
3. Expliquez et commentez la phrase : « C'est une étrange entreprise que celle de faire rire les honnêtes gens » (l. 24-25).

Objet d'étude 2de

chapitre 3

Les poètes romantiques fondent le renouveau de la poésie au début du XIXe siècle. En montrant la volonté de remettre en cause la rigidité des règles de la versification classique, leurs œuvres annoncent l'évolution qui marquera toute l'histoire de la poésie du XIXe siècle, puis du XXe siècle.

REPÈRES

La poésie du XIXe au XXe siècle : du romantisme au surréalisme

1. Le romantisme et le renouveau de la poésie

Fascinés par le pittoresque et le lyrisme du Moyen Âge, les poètes romantiques y trouvent une source d'inspiration.

→ **Le renouvellement des formes poétiques.** Hugo, Lamartine ou Nerval remettent à la mode des formes oubliées, comme la ballade, la chanson ou le rondeau. L'ode leur permet d'exprimer pleinement leur lyrisme.

→ **Les audaces du lyrisme.** L'expression de sentiments exaltés pousse le poète romantique à briser la régularité du vers, à travers la multiplication des enjambements, des rejets et des contre-rejets.

> «Une nymphe s'égare et s'arrête. Elle écoute
> Les larmes du matin qui pleurent goutte à goutte
> Sur la mousse. L'ivresse emplit son jeune cœur.» (Hugo)

2. La modernité et le refus des contraintes

Dans les années 1850, les transformations de la société coïncident avec l'apparition d'une poésie de la modernité, à l'écart de tout mouvement littéraire.

→ **Les poètes maudits.** Baudelaire d'abord, Verlaine, Rimbaud puis les symbolistes comme Mallarmé révolutionnent tour à tour l'art poétique, le faisant évoluer vers une liberté toujours plus grande, jouant avec les formes anciennes comme le sonnet, et en inventant de nouvelles comme celle du poème en prose.

→ **La révolution des formes.** Au début du XXe siècle, le vers libre apparaît comme une forme d'aboutissement, qui triomphe dans les œuvres de Blaise Cendrars et de Guillaume Apollinaire.

> «Je suis en route
> J'ai toujours été en route
> Je suis en route avec la petite Jehanne de France» (Cendrars)

3. Le surréalisme ou la poésie en liberté

En réaction aux atrocités de la Première Guerre, une génération de poètes explore un monde «surréel» où la raison et la logique n'ont plus de place.

→ **Le mouvement surréaliste.** S'appuyant sur les recherches de Freud et de la psychanalyse, Breton, Éluard engagent la poésie sur une voie nouvelle, dégagée de toute contrainte.

> «Surréalisme, n. m. Dictée de la pensée, en l'absence de tout contrôle exercé par la raison, en dehors de toute préoccupation esthétique ou morale.»
> (Breton)

→ **Une poésie de la fulgurance.** La poésie surréaliste, débarrassée des exigences de la versification et de la logique, révèle la part mystérieuse et fascinante de l'inconscient, explorant le rêve et le hasard grâce à l'écriture automatique, célébrant l'amour et la folie à travers les images poétiques.

EXEMPLE

En un siècle, la poésie se débarrasse progressivement de l'ensemble des contraintes de forme héritées du passé. Tour à tour, les romantiques, les poètes de la modernité et les surréalistes renouvellent chacun à leur manière l'art du vers.

TEXTE A

Le spectacle fini, la charmante inconnue
Se leva. Le beau cou, l'épaule à demi nue,
Se voilèrent ; la main glissa dans le manchon ;
Et, lorsque je la vis au seuil de sa maison
S'enfuir, je m'aperçus que je l'avais suivie.
Hélas ! mon cher ami, c'est là toute ma vie.

MUSSET, « Une soirée perdue », *Poésies nouvelles*, 1840.

TEXTE B

Je m'en allais, les poings dans mes poches crevées ;
Mon paletot aussi devenait idéal :
J'allais sous le ciel, Muse ! et j'étais ton féal ;
Oh ! là là ! que d'amours splendides j'ai rêvées !

Mon unique culotte avait un large trou.
– Petit-Poucet rêveur, j'égrenais dans ma course
Des rimes. Mon auberge était à la Grande-Ourse.
– Mes étoiles au ciel avaient un doux frou-frou.

ARTHUR RIMBAUD, « Ma Bohème », *Poésies*, 1871.

TEXTE C

je t'aime à tour de bras
je t'aime comme un poêle rouge dans une caverne
Que ta robe de fil de fer barbelé
me déchire avec un grand bruit de vaisselle tombant dans l'escalier
je t'aime comme une oreille emportée par le vent
qui siffle Attends

BENJAMIN PÉRET, « Le carré de l'hypoténuse », *Je sublime*, 1936, José Corti, 1972.

Questions

1. Quels points communs ces trois extraits présentent-ils ?

2. Quels types d'évolutions mettent-ils en évidence ?

3. Pourquoi peut-on dire que la poésie de Benjamin Péret semble débarrassée de toute contrainte ?

Alors que les formes de l'argumentation montrent au XVIIe siècle la volonté d'exprimer un point de vue sur la nature, l'art et la vie des hommes en société, le siècle des Lumières fait des genres argumentatifs une arme de combat contre les pouvoirs politique et religieux.

REPÈRES

Genres et formes de l'argumentation : XVIIe et XVIIIe siècles

1. Le XVIIe siècle et la réflexion sur l'honnête homme

De multiples formes argumentatives abordent la question de ce que doit être un « honnête homme » dans la société du XVIIe siècle.

→ **La critique des mœurs.** Les discours, les pensées, la tirade théâtrale, la fable, les caractères, la maxime, le sermon... L'ensemble des formes de l'argumentation est tournée vers une réflexion sur les rapports des hommes entre eux. Les moralistes du XVIIe siècle définissent ainsi ce que doit être « l'honnête homme ». Un être simple et ouvert, curieux et agréable en société, capable de voir et de corriger ses propres défauts, cultivé mais rejetant le pédantisme.

> « La grandeur de l'homme est grande en ce qu'il se connaît misérable. Un arbre ne se connaît pas misérable. C'est donc être misérable que de se connaître misérable, mais c'est être grand que de connaître qu'on est misérable. » (Pascal, *Pensées*, 1670)

→ **La réflexion sur l'art.** Pour le XVIIe siècle, l'art est un moyen de parvenir au statut d'honnête homme. Les genres argumentatifs définissent ainsi ce que doit être le « bon goût ». Ils discutent des principes et des règles qui permettent aux écrivains de « plaire et instruire » et définissent le fonctionnement idéal des grands genres littéraires, et notamment du théâtre.

2. Le XVIIIe siècle et le combat des Lumières

Les écrivains explorent toutes les formes du discours argumentatif qui leur permettent de remettre en cause le pouvoir royal et l'intolérance de l'Église.

→ **Les formes de l'argumentation directe.** L'article de dictionnaire ou de l'*Encyclopédie* de Diderot et d'Alembert, l'essai, le pamphlet, le plaidoyer sont autant de moyens d'exprimer un discours critique à l'égard du fanatisme religieux, des injustices et des inégalités. Montesquieu, Voltaire, Diderot et Rousseau s'engagent dans une lutte acharnée contre tous les abus de pouvoir.

> « C'est un grand et beau spectacle de voir l'homme sorti en quelque manière du néant par ses propres efforts dissiper, par les lumières de sa raison, les ténèbres dans lesquelles la nature l'avait enveloppé. » (Rousseau, *Discours sur les sciences et les arts*, 1750)

→ **Les formes de l'argumentation indirecte.** Afin de contourner la censure et de toucher un public plus large, les philosophes des Lumières utilisent également l'ensemble des genres littéraires. Le roman, le conte philosophique, les dialogues, la poésie sont mis au service d'une réflexion sur la société dont on repense les règles de fonctionnement. Ce combat acharné aboutit, en 1789, à la Révolution française.

> Les contes philosophiques de Voltaire, à travers les aventures de leurs personnages, Candide, Zadig ou l'Ingénu, donnent au lecteur l'occasion de réfléchir sur les injustices des hommes et la nécessité d'une liberté plus grande.

La multiplication des genres de l'argumentation au XVIIe et au XVIIIe siècles contribue à faire évoluer la société vers plus de justice et d'égalité. La forme de l'argumentation peut être indirecte, lorsqu'elle passe par le biais d'un personnage fictif, ou directe, lorsqu'elle dénonce sans détour une situation intolérable.

TEXTE A

J'entends Théodecte de l'antichambre ; il grossit sa voix à mesure qu'il s'approche. Le voilà entré : il rit, il crie, il éclate ; on bouche ses oreilles, c'est un tonnerre. Il n'est pas moins redoutable par les choses qu'il dit que par le ton dont il parle. Il ne s'apaise et ne revient de ce grand fracas que pour bredouiller des vanités et des sottises. Il a si peu d'égard au temps, aux personnes, aux bienséances, que chacun a son fait sans qu'il ait eu l'intention de le lui donner ; il n'est pas encore assis qu'il a, à son insu, désobligé toute l'assemblée.

JEAN DE LA BRUYÈRE, *Les Caractères ou mœurs de ce siècle*, 1688.

TEXTE B

ÉGALITE NATURELLE, (*Droit nat.*) est celle qui est entre tous les hommes par la constitution de leur nature seulement. Cette égalité est le principe et le fondement de la liberté.

L'égalité naturelle ou morale est donc fondée sur la constitution de la nature humaine commune à tous les hommes ; qui naissent, croissent, subsistent, et meurent de la même manière.

Puisque la nature humaine se trouve la même dans tous les hommes, il est clair que selon le droit naturel, chacun doit estimer et traiter les autres comme autant d'êtres qui lui sont naturellement égaux, c'est-à-dire qui sont hommes aussi bien que lui.

LOUIS DE JAUCOURT, article « Égalité naturelle », *Encyclopédie*, 1766.

Questions

1. À quel genre argumentatif appartiennent chacun des extraits suivants ?
2. Relevez tout ce qui, dans le texte A, fait de Théodecte le contraire d'un « honnête homme ».
3. Que revendique Louis de Jaucourt dans le texte B ? En quoi cette revendication est-elle alors révolutionnaire ?

REPÈRES

Le personnage de roman aux XVIIe et XVIIIe siècles

Aux XVIIe et XVIIIe siècles, le roman se développe dans une société très hiérarchisée. D'abord considéré comme un genre inférieur, il trouve sa place grâce à l'apparition de personnages nouveaux qui provoquent le plaisir, l'émotion ou l'admiration du lecteur.

1. Le XVIIe siècle et l'analyse des sentiments

Descendants des héros de chevalerie, les personnages de roman fascinent le public des salons de la préciosité.

→ **Le héros précieux.** Dans la première moitié du XVIIe siècle, le roman précieux est peuplé de personnages idéalisés qui vivent dans un univers raffiné et élégant. Le public des salons est charmé par les aventures amoureuses des héros, qui permettent les discussions sur les règles de l'amour et de la galanterie.

> *Clélie* est l'héroïne du roman galant de Mlle de Scudéry, qui dresse la carte du pays de Tendre, le pays de l'Amour.

→ **Le héros comique.** En réaction aux personnages du roman précieux, de nombreux romans d'aventures proposent des héros plus proches du lecteur, qui n'hésitent pas à se servir des mains et des pieds pour se sortir de situations difficiles, comme dans *Le Roman comique* de Scarron.

→ **L'héroïne vertueuse.** Dans la seconde moitié du siècle, le roman de Mme de Lafayette, *La Princesse de Clèves*, s'attache à l'analyse psychologique des personnages. Il rend compte de leurs réactions et de leurs sentiments face aux épreuves de la passion. L'héroïne triomphe des tentations et se présente comme un exemple de vertu, par sa fidélité, son sens du devoir et du sacrifice.

2. Le XVIIIe siècle et la quête de liberté

Les personnages de roman contribuent au XVIIIe siècle à la contestation du pouvoir mise en œuvre par les Lumières.

→ **Le héros picaresque.** De nombreux héros de roman sont d'origine modeste : paysan, enfant trouvé, bourgeois, étudiant… En voulant s'élever dans la société, ils vont à la découverte du monde et des rencontres qui déterminent leur destin.

> Le héros de Lesage, *Gil Blas de Santillane*, comme l'héroïne de Marivaux dans *La vie de Marianne*, échappent au destin médiocre promis par leur naissance.

→ **L'amoureux sensible.** Frappé par un coup de foudre, le jeune homme amoureux vit les tourments de la passion. Comme le chevalier Des Grieux de *Manon Lescaut*, il fait partager au lecteur des sentiments exacerbés. Sa quête d'un amour idéal s'achève le plus souvent sur l'échec.

→ **Le voyageur philosophe.** Le personnage porte sur le monde un regard critique qui invite à prendre ses distances avec ses préjugés. Voyageur étranger dans un pays qu'il découvre, innocent confronté à la cruauté des hommes, les héros de Montesquieu, Voltaire ou Diderot interrogent la société, au nom des valeurs de la raison et de l'humanité.

→ **Le libertin cynique.** À travers le personnage du libertin, le roman montre les travers d'une aristocratie corrompue et débauchée, qui a perdu ses valeurs. Aux libertins hypocrites et cruels de Laclos ou de Sade s'opposent les personnages de victimes innocentes et sincères.

Exercice 1 Le héros précieux

1. Quels détails du décor agrémentent l'univers réel des bergers ?

2. Quels sont les différents sentiments évoqués ? Quel portrait des personnages du roman pastoral cet extrait permet-il de dresser ?

Par hasard, ce jour-là, Céladon, le Berger amoureux, qui s'était levé très tôt pour réfléchir, laissant paître ses troupeaux dans l'herbe la moins foulée, alla s'asseoir sur la rive sinueuse du Lignon, attendant la venue de sa belle Bergère qui ne tarda guère, car, maintenue en éveil par un soupçon très cuisant, elle n'avait pu fermer l'œil de toute la nuit. À peine le Soleil commençait-il de dorer le haut des montagnes d'Isoure et de Marcilly que le Berger aperçut au loin un troupeau qu'il reconnut aussitôt comme celui d'Astrée. Car, outre que Mélampe, le chien tant aimé de sa Bergère, vint le caresser gaiement dès qu'il le vit, il remarqua la brebis la plus chérie de sa maîtresse, bien qu'elle ne portât pas ce matin-là la guirlande de rubans de diverses couleurs qu'elle avait habituellement à la tête.

Honoré d'Urfé, *L'Astrée*, 1607 (version modernisée).

Exercice 2 L'héroïne vertueuse

1. Faites le portrait psychologique des deux personnages.

2. De quelles valeurs morales font-ils preuve ?

Désespérée par l'amour qu'elle éprouve pour le duc de Nemours, Mme de Clèves décide d'en faire l'aveu à son mari.

« Quelque dangereux que soit le parti que je prends, je le prends avec joie pour me conserver digne d'être à vous. Je vous demande mille pardons, si j'ai des sentiments qui vous déplaisent, du moins je ne vous déplairai jamais par mes actions. Songez que pour faire ce que je fais, il faut avoir plus d'amitié et plus d'estime pour un mari que l'on en a jamais eu ; conduisez-moi, ayez pitié de moi, et aimez-moi encore, si vous pouvez. »

Monsieur de Clèves était demeuré pendant tout ce discours, la tête appuyée sur ses mains, hors de lui-même, et il n'avait pas songé à faire relever sa femme. Quand elle eut cessé de parler, qu'il jeta les yeux sur elle qu'il la vit à ses genoux le visage couvert de larmes, et d'une beauté si admirable, il pensa mourir de douleur.

Madame de Lafayette, *La Princesse de Clèves*, 1678.

EXERCICES

Exercice 3 Le héros picaresque

1. À travers quels détails la scène s'inscrit-elle dans l'univers familier du lecteur ?

2. Quelles hésitations les questions soulignent-elles ? Quelle décision le héros prend-il finalement ?

3. En définitive, quelles sont les motivations essentielles du héros picaresque ?

On me servit une copieuse fricassée de pieds de mouton, que je mangeai presque tout entière. Je bus à proportion. Puis je me couchai. J'avais un assez bon lit, et j'espérais qu'un profond sommeil ne tarderait guère à s'emparer de mes sens. Je ne pus toutefois fermer l'œil. Je ne fis que rêver à l'habit que je devais prendre. Que faut-il que je fasse ? disais-je. Suivrai-je mon premier dessein ? Achèterai-je une soutanelle[1] pour aller à Salamanque chercher une place de précepteur ? Pourquoi m'habiller en licencié ? Ai-je envie de me consacrer à l'état ecclésiastique ? Y suis-je entraîné par mon penchant ? Non, je me sens même des inclinations très opposées à ce parti-là. Je veux porter l'épée, et tâcher de faire fortune dans le monde.

Alain René Lesage, *Gil Blas de Santillane*, 1715.

1. **Soutanelle :** habit de certains religieux.

Exercice 4 Le voyageur philosophe

1. Quelles informations le discours du héros apporte-t-il sur son passé ? Quels sont les motifs de sa colère ?

2. Que veut montrer Voltaire à travers ce personnage de conte philosophique ?

Jeté en prison pour avoir tenté de défendre des protestants expulsés de France, le héros de L'Ingénu *découvre l'injustice de son pays d'accueil.*

« J'ai vécu Huron[1] vingt ans ; on dit que ce sont des barbares, parce qu'ils se vengent de leurs ennemis ; mais ils n'ont jamais opprimé leurs amis. À peine ai-je mis le pied en France, que j'ai versé mon sang pour elle ; j'ai peut-être sauvé une province, et pour récompense je suis englouti dans ce tombeau des vivants, où je serais mort de rage sans vous. Il n'y a donc point de lois dans ce pays ? On condamne les hommes sans les entendre ! Il n'en est pas ainsi en Angleterre. Ah ! ce n'était pas contre les Anglais que je devais me battre. » Ainsi sa philosophie naissante ne pouvait dompter la nature outragée dans le premier de ses droits, et laissait un libre cours à sa juste colère.

Voltaire, *L'Ingénu*, 1767.

1. **Huron :** Indien du Canada.

Lecture

1. **Relevez les différentes parties qui composent cette lettre.**

2. **Comment madame de Tourvel apparaît-elle ?**

3. **Relevez dans le dernier paragraphe le lexique du langage militaire. En quoi est-il caractéristique de l'esprit libertin ?**

Écriture : préparation à l'écrit d'invention

4. **Imaginez la lettre envoyée à madame de Tourvel par sa meilleure amie, madame de Volanges. Elle la met en garde contre le vicomte de Valmont, qu'elle considère comme un libertin cynique.**

Le libertin cynique

Dans cette lettre, le vicomte de Valmont rapporte à la marquise de Merteuil, son amie, le succès de son entreprise de séduction auprès de la vertueuse madame de Tourvel. C'est le triomphe du libertin.

Lettre cxxv

Le vicomte de Valmont À la marquise de Merteuil

La voilà donc vaincue, cette femme superbe qui avait osé croire qu'elle pourrait me résister ! Oui, mon amie, elle est à moi, entièrement à moi ; et depuis hier, elle n'a plus rien à m'accorder.

Je suis encore trop plein de mon bonheur, pour pouvoir l'apprécier, mais je m'étonne du charme inconnu que j'ai ressenti. Serait-il donc vrai que la vertu augmentât le prix d'une femme, jusque dans le moment même de sa faiblesse ? Mais reléguons cette idée puérile avec les contes de bonne femme. Ne rencontre-t-on pas presque partout une résistance plus ou moins bien feinte au premier triomphe ? [...]

Ici, au contraire, j'ai trouvé une première prévention défavorable[1] et fondée depuis sur les conseils et les rapports d'une femme haineuse[2], mais clairvoyante ; une timidité naturelle et extrême, que fortifiait une pudeur éclairée ; un attachement à la vertu, que la Religion dirigeait, et qui comptait déjà deux années de triomphe[3], enfin des démarches éclatantes, inspirées par ces différents motifs et qui tous n'avaient pour but que de se soustraire à mes poursuites.

Ce n'est donc pas, comme dans mes autres aventures, une simple capitulation plus ou moins avantageuse, et dont il est plus facile de profiter que de s'enorgueillir ; c'est une victoire complète, achetée par une campagne pénible, et décidée par de savantes manœuvres.

Paris, ce 29 octobre 17**.

Pierre Choderlos de Laclos, *Les Liaisons dangereuses*, lettre 125, 1782.

1. **Prévention défavorable** : opinion négative. 2. **Une femme haineuse** : Madame de Volanges, qui avait mis en garde son amie. 3. **De triomphe** : de mariage.

REPÈRES

Le personnage de roman depuis le XIXe siècle

Le personnage de roman devient, à partir du XIXe siècle, le reflet de la diversité des hommes. Le roman explore tous les lieux, toutes les situations et toutes les époques, afin de mieux mettre en évidence pour le lecteur la multitude des caractères humains.

1. Au XIXe siècle : le sacre du personnage de roman

Le XIXe siècle fait du roman le genre littéraire dominant. Le public y retrouve à la fois les héros qui le font rêver et les êtres familiers qui l'entourent.

→ **Le romantique tourmenté.** Chateaubriand crée le personnage du héros romantique : amoureux, épris de justice, marqué par une profonde mélancolie, il fait partager au lecteur son émotion devant les beautés de la nature, mais aussi les inquiétudes d'un « moi » incompris. On retrouve cette dimension chez Stendhal ou dans certains romans d'Alexandre Dumas.

→ **L'archétype social.** Le réalisme puis le naturalisme représentent des personnages qui correspondent à des types sociaux et psychologiques. Toute la société est mise en scène dans les romans de Balzac, Flaubert, Maupassant ou Zola : la bourgeoisie, le monde du commerce, le milieu des employés et des ouvriers, mais aussi les marginaux et les déshérités.

→ **Le héros hors du commun.** Dotés de qualités physiques ou morales exceptionnelles, certains héros s'inscrivent dans la mémoire du lecteur comme des êtres à part. Celui-ci s'identifie au héros en suivant un destin extraordinaire et en partageant ses valeurs : c'est par exemple le cas du personnage de Jean Valjean, dans *Les Misérables* de Victor Hugo.

2. Au XXe siècle : la complexification du personnage

Au XXe siècle, le roman continue de se diversifier, proposant au lecteur des personnages de plus en plus complexes.

→ **Le double de l'auteur.** Afin de mieux interroger le monde, le romancier moderne interroge souvent sa propre vie, à travers le roman autobiographique : le personnage principal, double fictif de l'auteur, raconte son histoire à la première personne. Les personnages de Proust, Céline, Camus ou Houellebecq font écho aux interrogations de leurs auteurs sur les mutations du monde.

→ **Le héros engagé.** Le contexte tragique du XXe siècle conduit à créer des personnages qui défendent un idéal et luttent contre l'oppression. Le héros engagé, comme les personnages de *L'Espoir*, d'André Malraux, incarne les valeurs universelles de solidarité et de liberté.

→ **L'anti-héros.** Dépourvu de qualités particulières, l'anti-héros subit les événements. Plongé dans une vie sans relief, comme chez Sartre, Camus ou dans le Nouveau Roman, le personnage échoue à communiquer avec autrui. Le lecteur est amené à réfléchir sur son existence dans un monde déshumanisé.

→ **Le personnage déraciné.** Partagé entre deux cultures ou deux époques, le personnage déraciné cherche sa place dans la société contemporaine. Son itinéraire est parsemé d'obstacles mais aussi de rencontres qui lui permettent d'échanger avec les autres : le personnage fait désormais écho aux questions essentielles que posent au lecteur les conséquences de la mondialisation.

Exercice 1 Le romantique tourmenté

1. Relevez les caractéristiques psychologiques du héros romantique. Quels sont les sentiments qu'il éprouve ? Pourquoi ?
2. Commentez l'image présente dans la dernière phrase de l'extrait.

L'automne me surprit au milieu de ces incertitudes : j'entrai avec ravissement dans le mois des tempêtes. Tantôt j'aurais voulu être un de ces guerriers errant au milieu des vents, des nuages et des fantômes ; tantôt j'enviais jusqu'au sort du pâtre que je voyais réchauffer ses mains à l'humble feu de broussailles qu'il avait allumé au coin d'un bois. J'écoutais ses chants mélancoliques, qui me rappelaient que dans tout pays, le chant naturel de l'homme est triste, lors même qu'il exprime le bonheur. Notre cœur est un instrument incomplet, une lyre où il manque des cordes, et où nous sommes forcés de rendre les accents de la joie sur le ton consacré aux soupirs.

François-René de Chateaubriand, *René*, 1802.

Exercice 2 L'archétype social

1. Repérez l'ensemble des personnages évoqués dans cet extrait. Quels sont les différents groupes sociaux décrits ?
2. Pourquoi peut-on ici parler de réalisme ? Quel peut être l'intérêt de ce type de descriptions ?

Gervaise s'entêta encore à la fenêtre pendant deux mortelles heures, jusqu'à huit heures. Les boutiques s'étaient ouvertes. Le flot de blouses descendant des hauteurs avait cessé ; et seuls quelques retardataires franchissaient la barrière à grandes enjambées. Chez les marchands de vin, les mêmes hommes, debout, continuaient à boire, à tousser et à cracher. Aux ouvriers avaient succédé les ouvrières, les brunisseuses, les modistes, les fleuristes, se serrant dans leurs minces vêtements, trottant le long des boulevards extérieurs ; elles allaient par bandes de trois ou quatre, causaient vivement, avec de légers rires et des regards luisants jetés autour d'elles ; de loin en loin, une, toute seule, maigre, l'air pâle et sérieux, suivait le mur de l'octroi, en évitant les coulées d'ordures.

Puis, les employés étaient passés, soufflant dans leurs doigts, mangeant leur pain d'un sou en marchant ; des jeunes gens efflanqués, aux habits trop courts, aux yeux battus, tout brouillés de sommeil ; de petits vieux qui roulaient sur leurs pieds, la face blême, usée par les longues heures du bureau.

Émile Zola, *L'Assommoir*, 1877.

EXERCICES

Exercice 3 Le double de l'auteur

1. À travers quels indices personnels le narrateur apparaît-il dans cet extrait ?

2. Quelle image le narrateur donne-t-il de lui-même ? Est-il au centre du récit ?

3. Commentez l'effet produit par l'utilisation du pronom « nous ».

Quand Saint-Loup était entré dans ma chambre, je l'avais approché avec ce sentiment de timidité, avec cette impression de surnaturel que donnaient au fond tous les permissionnaires[1] et qu'on éprouve quand on est introduit auprès d'une personne atteinte d'un mal mortel et qui cependant se lève, s'habille, se promène encore. Il semblait [...] presque qu'il y eût quelque chose de cruel dans ces permissions données aux combattants. Aux premières, on se disait : « Ils ne voudront pas repartir, ils déserteront. » Et en effet, ils ne venaient pas seulement de lieux qui nous semblaient irréels parce que nous n'en avions entendu parler que par les journaux et que nous ne pouvions nous figurer qu'on eût pris part à ces combats titaniques[2] et revenir seulement avec une contusion à l'épaule ; c'était des rivages de la mort vers lesquels ils allaient retourner qu'ils venaient un instant parmi nous, incompréhensibles pour nous.

MARCEL PROUST, *Le Temps retrouvé*, posth., Gallimard, 1927.

1. **Permissionnaires** : bénéficiaires d'une permission (l'action se passe en 1916).

Exercice 4 L'anti-héros

1. Quels sentiments dominent chez le personnage ?

2. En quoi ce narrateur-personnage apparaît-il comme un « anti-héros » ?

Je me lève en sursaut : si seulement je pouvais m'arrêter de penser, ça irait déjà mieux. Les pensées, c'est ce qu'il y a de plus fade. Plus fade encore que de la chair. Ça s'étire à n'en plus finir et ça laisse un drôle de goût. Et puis il y a les mots, au-dedans des pensées, les mots inachevés, les ébauches de phrases qui reviennent tout le temps : « Il faut que je fini... J'ex... Mort... M. de Roll est mort... Je ne suis pas... J'ex... » Ça va, ça va... et ça ne finit jamais. C'est pis que le reste parce que je me sens responsable et complice. Par exemple, cette espèce de rumination douloureuse : j'existe, c'est moi qui l'entretiens. Moi. Le corps, ça vit tout seul, une fois que ça a commencé. Mais la pensée, c'est moi qui la continue, qui la déroule. J'existe. Je pense que j'existe. Oh ! le long serpentin, ce sentiment d'exister – et je le déroule, tout doucement...

JEAN-PAUL SARTRE, *La Nausée*, Gallimard, 1938.

Lecture

1. **Relevez l'ensemble des références faites à l'Afrique et à sa culture.**
2. **Qu'est-ce qui peut apparaître éloigné de la culture européenne ? Qu'est-ce qui, au contraire, peut apparaître comme universel ?**
3. **Expliquez le changement de ton du narrateur à la fin de l'extrait.**

Écriture : préparation à la dissertation

4. **Dans un paragraphe entièrement rédigé, vous montrerez que le personnage de roman peut transmettre au lecteur les interrogations de l'auteur sur la société contemporaine.**

Le narrateur de Black Bazar *promène sa mélancolie dans le quartier des Halles de Paris. Dans cet extrait, il fait partager à son amie les singularités de son héritage culturel.*

Puisqu'elle était friande de mes histoires de gamin au pays, je lui narrais aussi comment on avait survécu sans jouets de Noël, on jouait au football avec un ballon pas du tout rond, il fallait pourtant tirer tout droit, dribbler seul onze joueurs regroupés, marquer des buts comme si le ballon était rond. Alors on frappait dans ce ballon fabriqué avec des chiffons, on voulait être un jour des champions parce que les grands nous avaient appris que c'est avec un ballon plat comme ça que le roi Pelé[1] avait commencé à jouer. [...]. On était comme ça, avec nos culottes trouées aux fesses et tout le bazar de la vie quotidienne de ceux qui n'avaient rien inventé, ni la poudre, ni la boussole, de ceux qui n'avaient pas su dompter la vapeur ni l'électricité, de ceux qui n'avaient exploré ni les mers ni le ciel.

Et mon ex, touchée, me demandait :

– Est-ce que ça vient de toi toutes ces choses sur la poudre, la boussole, la vapeur, l'électricité, les mers et le ciel ?

Je lui répondais que ce n'était pas de moi, que c'étaient des trucs qu'on avait appris à l'école, au pays, et qu'on n'enseignait pas aux Européens. Ça venait d'un type en colère, un poète noir[2] qui disait des paroles courageuses. Il avait écrit ça quand il était rentré dans son pays natal et avait trouvé son peuple qui avait faim, des rues sales, du rhum qui dynamitait son île, des gens qui ne se révoltaient pas devant leur condition et cette main invisible qui les assujettissait[3].

Alain Mabanckou, *Black Bazar*, Seuil, 2009, Points, 2010.

1. **Le roi Pelé :** footballeur brésilien, triple champion du monde.
2. **Poète noir :** le narrateur cite des vers du poète antillais Aimé Césaire.
3. **Assujettissait :** soumettait, asservissait.

Objet d'étude 1re

chapitre 7

REPÈRES

Le texte théâtral et sa représentation, du XVIIe au XIXe siècle

Le XVIIe siècle apparaît comme l'âge d'or du théâtre français. Les règles qui fixent la comédie et la tragédie évoluent cependant peu à peu vers plus de souplesse, tandis que les conditions de la représentation théâtrale se perfectionnent pour s'adapter aux exigences d'un public toujours plus nombreux.

1. L'évolution des genres théâtraux

Au XVIIe siècle, la comédie et la tragédie sont les genres théâtraux dominants, remis en cause au XIXe siècle.

→ **La comédie et la tragédie.** Les règles de la dramaturgie classique produisent les chefs-d'œuvre de Racine, Molière ou Corneille. Elles sont respectées au XVIIIe siècle, avec Voltaire ou Marivaux.

→ **Le drame romantique.** Au XIXe siècle, le théâtre classique s'éloigne peu à peu de la sensibilité du public : intrigues et personnages semblent trop lointains. Influencés par la découverte de Shakespeare, du théâtre allemand ou italien, les dramaturges comme Hugo, Vigny ou Musset inventent un théâtre nouveau. Le drame romantique mêle le grotesque et le sublime, bannit les unités de temps et de lieu, dénonce les préjugés et les conventions.

→ **Le vaudeville.** Dans la seconde moitié du XIXe siècle, le public populaire qui pleurait au mélodrame fait triompher les vaudevilles et les comédies légères du théâtre de boulevard. Ces mécaniques efficaces et bien rythmées assurent le succès des pièces de Labiche, Feydeau ou Alexandre Dumas fils, qui proposent un théâtre édifiant préservant les valeurs de la famille et de la propriété.

2. Les conditions de la représentation théâtrale

Jusqu'au XVIIe siècle, la représentation se donne dans des lieux provisoires : foires, salles de bal ou de sport, jardins... L'apparition de salles de spectacle où jouent des troupes régulières impose le théâtre à l'italienne comme le lieu idéal de la représentation.

→ **La scène.** Le théâtre est d'abord un lieu apte à toucher le public. Les « pièces à machines » comme la *Médée* de Corneille ou les comédies-ballets de Molière sont d'immenses succès. Très vite, le théâtre à l'italienne triomphe car il facilite l'illusion : les spectateurs ont l'impression de découvrir une pièce dont on aurait enlevé le quatrième mur.

→ **Les décors.** D'abord limités à une toile de fond et quelques accessoires, les décors reproduisent de plus en plus précisément le lieu de l'action. Au XIXe siècle, la recherche de la vraisemblance conduira à des reconstitutions méticuleuses.

→ **Les acteurs.** La tragédie exige une déclamation solennelle, alors que la comédie, tout en admettant les outrances de la farce, recherche une imitation plus naturelle. Au cours des siècles, le jeu des acteurs évolue vers plus de réalisme tandis que les costumes cherchent à reproduire l'époque évoquée.

→ **Le public.** Le théâtre, autrefois lieu mal famé, devient un endroit respectable. Du XVIIe au XIXe siècle, la représentation théâtrale permet ainsi de réunir dans un même lieu la « Cour » et la « Ville », la noblesse, la bourgeoisie et le peuple, autour d'un spectacle et d'émotions partagés.

Exercice 1 La comédie et la tragédie

Que reproche Hugo aux règles du théâtre classique ?

L'unité de temps n'est pas plus solide que l'unité de lieu. L'action, encadrée de force dans les vingt-quatre heures, est aussi ridicule qu'encadrée dans le vestibule. Toute action a sa durée propre comme son lieu particulier. Verser la même dose de temps à tous les événements ! appliquer la même mesure sur tout ! On rirait d'un cordonnier qui voudrait mettre le même soulier à tous les pieds. Croiser l'unité de temps à l'unité de lieu comme les barreaux d'une cage, et y faire pédantesquement entrer, de par Aristote, tous ces faits, tous ces peuples, toutes ces figures que la providence déroule à si grandes masses dans la réalité ! c'est mutiler hommes et choses, c'est faire grimacer l'histoire.

VICTOR HUGO, *Préface de Cromwell*, 1827.

Exercice 2 Le drame romantique

1. En quoi ces scènes ne respectent-elles pas les règles du théâtre classique ?

2. Quels problèmes nouveaux la représentation d'une telle pièce pose-t-elle, pour le metteur en scène mais aussi pour les spectateurs ?

Acte I, scène 1

Un jardin. – Clair de lune ; un pavillon dans le fond, un autre sur le devant. Entrent le Duc et Lorenzo, couverts de leurs manteaux.

LE DUC. – Qu'elle se fasse attendre encore un quart d'heure, et je m'en vais. Il fait un froid de tous les diables.

LORENZO. – Patience, Altesse, patience.

LE DUC. – Elle devait sortir de chez sa mère à minuit ; il est minuit, et elle ne vient pourtant pas.

LORENZO. – Si elle ne vient pas, dites que je suis un sot, et que la vieille mère est une honnête femme.

Acte I, scène 2

Une rue. – Le point du jour. – Plusieurs masques sortent d'une maison illuminée. Un marchand de soieries et un orfèvre ouvrent leurs boutiques.

LE MARCHAND DE SOIERIES. – Hé, hé, père Mondella, voilà bien du vent pour mes étoffes. *(Il étale ses pièces de soie.)*

L'ORFÈVRE, *bâillant*. – C'est à se casser la tête ! Au diable leur noce ! Je n'ai pas fermé l'œil de la nuit.

ALFRED DE MUSSET, *Lorenzaccio*, Acte I, début des scènes 1 et 2, 1833.

EXERCICES

Exercice 3 Le vaudeville

1. Qu'est-ce qui rend le personnage de vaudeville ridicule dans cette scène ?
2. À travers quels détails l'univers scénique est-il proche du spectateur ?
3. Analysez le rôle des didascalies dans le jeu des acteurs.

MAJORIN, *se promenant avec impatience.* – Ce Perrichon n'arrive pas ! Voilà une heure que je l'attends... C'est pourtant bien aujourd'hui qu'il doit partir pour la Suisse avec sa femme et sa fille... *(Avec amertume.)* Des carrossiers qui vont en Suisse ! Des carrossiers qui ont quarante mille livres de rentes ! Des carrossiers qui ont voiture ! Quel siècle ! Tandis que moi, je gagne deux mille quatre cents francs... un employé laborieux, intelligent, toujours courbé sur son bureau... Aujourd'hui, j'ai demandé un congé... j'ai dit que j'étais de garde... Il faut absolument que je voie Perrichon avant son départ... je veux le prier de m'avancer mon trimestre... six cents francs ! Il va prendre son air protecteur... faire l'important !... un carrossier ! ça fait pitié ! Il n'arrive toujours pas ! on dirait qu'il le fait exprès ! *(S'adressant à un facteur qui passe suivi de voyageurs.)* Monsieur... à quelle heure part le train direct pour Lyon ?

LE FACTEUR, *brusquement.* – Demandez à l'employé ! *(Il sort par la gauche.)*

EUGÈNE LABICHE, *Le Voyage de Monsieur Perrichon*, Acte I, scène 1, 1859.

Exercice 4 Le décor et les acteurs

1. Quels sont les éléments qui constituent le décor de la pièce ?
   Comment les costumes et le maquillage en soulignent-ils le genre théâtral ?
2. Quels sont les accessoires présents ? Quelle peut être leur fonction ?

Le Malade imaginaire, 1666. Mise en scène de Gildas Bourdet, 2003.

EXO-BAC

Lecture

1. **Résumez l'intrigue mise en place dans cette scène d'exposition.**

2. **À quel genre théâtral ce texte appartient-il ?**
Justifiez votre réponse au moyen d'indices précis.

3. **Pourquoi peut-on parler de coup de théâtre ?**

Écriture : Préparation à l'écrit d'invention

4. **Vous décidez de mettre en scène cette pièce dans le cadre d'un projet culturel. Exposez dans un paragraphe rédigé quels conseils de mise en scène vous pourriez donner aux décorateurs et aux acteurs.**

Une chambre à coucher, la nuit. Une lampe sur une table. Doña Josefa Duarte, vieille, en noir, avec le corps de sa jupe cousu de jais à la mode d'Isabelle-la-catholique, don Carlos.

DOÑA JOSEFA, *seule. Elle ferme les rideaux cramoisis de la fenêtre, et met en ordre quelques fauteuils. On frappe à une petite porte dérobée à droite. Elle écoute. On frappe un second coup.*

Serait-ce déjà lui ? C'est bien à l'escalier
Dérobé.
Un quatrième coup.
Vite, ouvrons.
Elle ouvre la petite porte masquée. Entre don Carlos, le manteau sur le visage et le chapeau sur les yeux.
Bonjour, beau cavalier.
Elle l'introduit. Il écarte son manteau, et laisse voir un riche costume de velours et de soie à la mode castillane de 1519. Elle le regarde sous le nez et recule.
Quoi ! Seigneur Hernani, ce n'est pas vous ? – Main-forte !
Au feu !

DON CARLOS, *lui saisissant le bras.*

Deux mots de plus, duègne, vous êtes morte !
Il la regarde fixement. Elle se tait effrayée.
Suis-je chez doña Sol, fiancée au vieux duc
De Pastrana, son oncle, un bon seigneur, caduc,
Vénérable et jaloux ? Dites. La belle adore
Un cavalier sans barbe et sans moustache encore,
Et reçoit tous les soirs, malgré les envieux,
Le jeune amant sans barbe, à la barbe du vieux.
Suis-je bien informé ?
Elle se tait. Il la secoue par le bras.

VICTOR HUGO, *Hernani,* Acte I, scène 1, 1830.

REPÈRES

Le texte théâtral et sa représentation, depuis le XIXe siècle

Depuis la fin du XIXe siècle, le théâtre a connu des évolutions favorisées par les avancées de la technique. Les attentes de publics nouveaux, les tragédies de l'histoire, la concurrence du cinéma et de la télévision ont provoqué des crises qui ont jeté les gens de théâtre sur les voies d'une création ouverte à toutes les nouveautés.

1. À la fin du XIXe siècle : les avant-gardes théâtrales

À l'opposé du théâtre de boulevard, de nombreux jeunes comédiens tentent d'ouvrir des voies nouvelles à la dramaturgie.

→ **Le théâtre naturaliste.** En rupture avec le théâtre de boulevard, André Antoine ouvre l'ère de la mise en scène moderne en transposant l'esthétique naturaliste sur les planches de son Théâtre-Libre, en 1887. Pour lui, les acteurs doivent posséder un jeu naturel, apte à reproduire sur scène l'illusion réaliste du genre romanesque.

→ **Le théâtre symboliste.** De son côté, le metteur en scène Aurélien Lugné-Poe fonde le Théâtre de l'Œuvre qui devient le haut lieu du drame symboliste. C'est sur cette scène qu'il crée, en 1892, *Pelléas et Mélisande* de Maurice Maeterlinck. Pour lui, le théâtre doit être le lieu de toutes les expérimentations. Il ouvre la voie d'un art neuf auquel le théâtre de Claudel donnera son plein épanouissement.

2. Au XXe siècle : l'émergence d'un spectacle neuf

L'usage de l'électricité transforme la représentation théâtrale. Elle crée de nouveaux espaces, éclaire un geste ou un visage. Le metteur en scène devient indispensable.

→ **Le rôle des metteurs en scène.** En 1927, les metteurs en scène Charles Dullin, Louis Jouvet, Gaston Baty et Georges Pitoëff fondent le Cartel des Quatre pour défendre un théâtre littéraire exigeant et séduisant, qui puisse faire rêver le spectateur tout en le faisant réfléchir. Le festival d'Avignon, créé en 1947, puis le Théâtre national populaire de Jean Vilar prolongent cette volonté d'attirer un public plus nombreux vers un théâtre de qualité : le metteur en scène doit à la fois être capable de redonner vie aux textes classiques et de proposer son interprétation des textes modernes.

→ **Le renouvellement des conventions théâtrales.** Le théâtre des années 1950 remet en cause nos façons de parler, de vivre et de penser. Les textes de Jean Tardieu, Eugène Ionesco, Jean Genet ou Samuel Beckett créent des univers singuliers où des personnages dérisoires affrontent l'absurdité tragique de la condition humaine. Les mises en scène de Roger Planchon, Jean-Marie Serreau ou Roger Blin, en adaptant des textes dont l'intrigue est absente ou absurde, contribuent à un renouvellement complet des conventions théâtrales.

3. Le théâtre contemporain

Sous l'influence de théoriciens comme Antonin Artaud, le théâtre contemporain ne met plus le seul texte au centre des préoccupations. Les créations théâtrales font appel à la danse, au cirque, au spectacle de rue. Si de nombreuses œuvres sont destinées à la lecture autant qu'à la scène, c'est à travers la rencontre d'un texte, d'une mise en scène, d'un jeu d'acteurs et d'un public que le théâtre continue de fasciner.

Exercice 1 Le théâtre naturaliste

1. Pour Antoine, quelles sont les préoccupations du metteur en scène ?

2. Laquelle est pour lui la plus importante ? Pourquoi ?

Quand, pour la première fois, j'ai eu à mettre un ouvrage en scène, j'ai clairement perçu que la besogne se divisait en deux parties distinctes : l'une, toute matérielle, c'est-à-dire la constitution du décor servant de milieu à l'action, le dessin et le groupement des personnages ; l'autre immatérielle, c'est-à-dire l'interprétation et le mouvement du dialogue.

Il m'a donc paru d'abord utile, indispensable, de créer avec soin, et sans aucune préoccupation des événements qui devaient s'y dérouler, le décor, le milieu. – Car c'est le milieu qui détermine les mouvements des personnages.

André Antoine, *Causerie sur la mise en scène*, Revue de Paris, 1er avril 1903.

Exercice 2 Le théâtre symboliste

1. Quelles innovations Alfred Jarry propose-t-il au directeur du Théâtre de l'œuvre ?

2. En quoi ces innovations peuvent-elles paraître révolutionnaires ?

Cher Monsieur,

Il serait curieux, je crois, de pouvoir monter cette chose[1] (sans aucun frais du reste,) dans le goût suivant :

1. Masque pour le personnage principal, Ubu, lequel masque je pourrais vous procurer au besoin. Et puis je crois que vous vous êtes occupé vous-même de la question des masques.

2. Une tête de cheval en carton qu'il se pendrait au cou, comme dans l'ancien théâtre anglais, pour les deux seules scènes équestres, tous détails qui étaient dans l'esprit de la pièce, puisque j'ai voulu faire un « guignol ».

3. Adoption d'un seul décor, ou mieux, d'un fond uni, supprimant les levers et baissers de rideau pendant l'acte unique. Un personnage correctement vêtu viendrait, comme dans les guignols, accrocher une pancarte, signifiant le lieu de la scène. [...]

5. Adoption d'un « accent » ou mieux d'une « voix » spéciale le personnage principal.

6. Costumes aussi peu couleur locale ou chronologiques que possible (ce qui rend mieux l'idée d'une chose éternelle), modernes de préférence, puisque la satire est moderne ; et sordide, parce que le drame en paraît plus misérable et horrifique.

Alfred Jarry, *Lettre à Lugné-Poe*, 8 janvier 1896.

1. **Cette chose** : la pièce *Ubu roi*, d'Alfred Jarry, qui fait scandale.

Exercice 3 Le rôle des metteurs en scène

1. À travers quelles répliques le dialogue souligne-t-il l'absurdité et le tragique de l'existence ?
2. Comment le metteur en scène choisit-il de représenter cette dimension tragi-comique ? Commentez les choix effectués.

Dans Le Roi se meurt, *Ionesco dévoile le tragique et l'absurdité de toute existence : la mort à laquelle nul n'échappe, même s'il est roi.*

Le Roi. – Je ne veux pas mourir.

Marie[1]. – Hélas ! Ses cheveux ont blanchi tout d'un coup. *(En effet, les cheveux du Roi ont blanchi.)* Les rides s'accumulent sur son front, sur son visage. Il a vieilli soudain de quatorze siècles.

Le médecin. – Si vite démodé.

Le Roi. – Les rois devraient être immortels.

Marguerite[2]. – Ils ont une immortalité provisoire.

Le Roi. – On m'avait promis que je ne mourrais que lorsque je l'aurais décidé moi-même.

Marguerite. – C'est parce qu'on pensait que tu déciderais plus tôt. Tu as pris goût à l'autorité, il faut que tu décides de force. Tu t'es enlisé dans la boue tiède des vivants. Maintenant, tu vas geler.

Le Roi. – On m'a trompé. On aurait dû me prévenir, on m'a trompé.

Eugène Ionesco, *Le Roi se meurt*, Gallimard, 1963.

1. et 2. Marie, Marguerite : première et deuxième épouses du roi.

Michel Bouquet dans le rôle du roi, mis en scène par Georges Werler, avec Vanessa Fonte, Sophie Artur, et Pierre Forest, 2010.

EXO-BAC

Lecture

1. **Analysez le dialogue de manière à relever les caractéristiques psychologiques de chaque personnage.**

2. **Repérez dans les didascalies : les déplacements dans l'espace, les indications sur l'écoulement du temps, les accessoires utilisés, les gestes et mimiques des personnages.**

Écriture : Préparation à l'écrit d'invention

3. **Vous poursuivrez cette scène en insérant dans le dialogue, à la manière de l'auteur, toutes les indications de mise en scène nécessaires au jeu des acteurs.**

Aveugle, assis dans un fauteuil roulant, Hamm dialogue sans espoir avec Clov, qui est à son service.

Hamm. – C'est d'un triste.

Entre Clov, la lunette à la main. Il va vers l'escabeau.

Clov. – Ça redevient gai. *(Il monte sur l'escabeau, braque la lunette sur le dehors. Elle lui échappe des mains, tombe. Un temps.)* J'ai fait exprès. *(Il descend de l'escabeau, ramasse la lunette, l'examine, la braque sur la salle.)* Je vois... une foule en délire. *(Un temps.)* Ça alors, pour une longue-vue c'est une longue-vue. *(Il baisse la lunette, se tourne vers Hamm.)* Alors ? On ne rit pas ?

Hamm, *ayant réfléchi.* – Moi non.

Clov, *ayant réfléchi.* – Moi non plus. *(Il monte sur l'escabeau, braque la lunette sur le dehors.)* Voyons voir... *(Il regarde, en promenant la lunette.)* Zéro... *(il regarde)*... zéro... *(il regarde)*... et zéro. *(Il baisse la lunette, se tourne vers Hamm.)* Alors ? Rassuré ?

Hamm. – Rien ne bouge. Tout est...

Clov. – Zéro.

Hamm, *avec violence.* – Tout est... tout est... tout est quoi ? *(Avec violence.)* Tout est quoi ?

Clov. – Ce que tout est ? En un mot ? C'est ça que tu veux savoir ? Une seconde. *(Il braque la lunette sur le dehors, regarde, baisse la lunette, se tourne vers Hamm.)* Mortibus. *(Un temps.)* Alors ? content ?

Hamm. – Regarde la mer.

Clov. – C'est pareil.

Hamm. – Regarde l'Océan !

Clov descend de l'escabeau, fait quelques pas vers la fenêtre à gauche, retourne prendre l'escabeau, l'installe sous la fenêtre à gauche, monte dessus, braque la lunette sur le dehors, regarde longuement. Il sursaute, baisse la lunette, l'examine, la braque de nouveau.

Clov. – Jamais vu une chose comme ça !

Samuel Beckett, *Fin de partie*, Minuit, 1957.

REPÈRES

Écriture poétique et quête du sens, du Moyen Âge au XVIIIe siècle

La poésie se présente comme le langage le plus approprié à la recherche du sens. Inspiré par les dieux, le poète sait dire au monde ce que nul autre ne sait exprimer. Mais au fil des siècles, le message des poètes évolue en se complexifiant.

1. Au Moyen Âge, l'essor du lyrisme poétique

Les poètes du Moyen Âge explorent peu à peu leurs sentiments, qu'ils expriment à travers la chanson, la ballade ou le rondeau.

→ **L'expression des sentiments.** Troubadours et trouvères confient à l'auditoire leurs chagrins d'amour et leurs espérances, la douleur de l'exil ou la joie de voir revenir le printemps, comme le fait dans ses poèmes Charles d'Orléans.

→ **Une réflexion sur l'existence.** Cette dimension intime de la poésie lyrique conduit à l'affirmation d'un moi personnel qui s'appuie sur l'expérience de la vie et de la mort. François Villon, dans ses ballades, fait ainsi partager sa mélancolie devant le temps qui passe et sa pitié devant ceux qui souffrent.

2. À la Renaissance, le renouveau de la poésie

S'appuyant sur la lecture de l'Antiquité et les nouveautés de la poésie italienne, l'écriture poétique s'affirme comme un moyen d'expression irremplaçable.

→ **La puissance de l'inspiration.** Véritable messager des dieux, le poète inspiré est pris par la « fureur », qui le conduit par degrés à la contemplation du monde. Les poètes de la Pléiade, Ronsard ou Du Bellay, appellent chacun à méditer sur le temps qui passe, la fragilité des êtres, le douloureux bonheur d'aimer.

→ **La fureur et l'indignation.** Devant les guerres de religion qui déchirent le royaume, les poètes prennent parti et s'engagent de toutes leurs forces. Dans *Les Tragiques*, le poète protestant Agrippa d'Aubigné déploie ainsi avec véhémence une parole tour à tour railleuse, tragique, épique ou mystique.

3. Aux XVIIe et XVIIIe siècles, l'éloge et la critique

La poésie explore les formes qui lui permettent d'exprimer sa fonction sociale. Le poète élargit sa palette à toutes les nuances de l'émotion.

→ **La poésie mondaine.** L'essor des salons, où se croisent poètes et courtisans, favorise l'émergence d'une poésie légère et souvent frivole. L'écriture poétique s'apparente à un jeu galant, qui permet d'exprimer son émerveillement devant la beauté du monde, ou son ressentiment devant les comportements humains.

→ **Le pouvoir des fables.** Avec la fable, c'est toute la comédie humaine qui est mise à jour, sous le regard implacable et lucide de La fontaine. Le moraliste dénonce la vanité et la sottise, la violence, les abus de pouvoir et l'injustice, de manière à conduire son lecteur à la sagesse.

→ **La poésie didactique.** Pour les philosophes du XVIIIe siècle, la poésie doit permettre de communiquer les idées des Lumières. Elle remplit ainsi sa fonction didactique, c'est-à-dire pédagogique. Le *Poème sur le désastre de Lisbonne* (1756) s'interroge ainsi sur la cruauté du destin qui frappe les innocents.

Exercice 1 L'essor du lyrisme poétique

1. À travers quels procédés le lyrisme du poète s'exprime-t-il ?

2. Quel est l'objet de ce poème : la femme aimée ou la nature ? Justifiez votre réponse.

Dieu, qu'il fait bon la regarder,
La gracieuse, bonne et belle !
Pour les grands biens qui sont en elle,
Chacun est prêt de la louer.

Qui se pourrait d'elle lasser ?
Toujours sa beauté renouvelle,
Dieu, qu'il fait bon la regarder,
La gracieuse, bonne et belle !

Par deçà ni delà la mer
Ne sais dame ni damoiselle
Qui soit en tous biens parfait telle ;
C'est un songe que d'y penser.
Dieu, qu'il fait bon la regarder !

CHARLES D'ORLÉANS, *Rondeaux*, 1450.

Exercice 2 Le renouveau de la poésie

1. Quels sont les thèmes développés par le poème suivant ?

2. Quelle image du poète le sonnet donne-t-il ?

3. Commentez le message délivré par le dernier vers.

Quand vous serez bien vieille, au soir, à la chandelle,
Assise auprès du feu, dévidant et filant,
Direz, chantant mes vers, en vous émerveillant :
Ronsard me célébrait du temps que j'étais belle.

Lors, vous n'aurez servante oyant telle nouvelle,
Déjà sous le labeur à demi sommeillant,
Qui au bruit de mon nom ne s'aille réveillant,
Bénissant votre nom de louange immortelle.

Je serai sous la terre et fantôme sans os :
Par les ombres myrteux je prendrai mon repos :
Vous serez au foyer une vieille accroupie,

Regrettant mon amour et votre fier dédain.
Vivez, si m'en croyez, n'attendez à demain :
Cueillez dès aujourd'hui les roses de la vie.

PIERRE DE RONSARD, *Sonnets pour Hélène*, 1578.

EXERCICES

Exercice 3 La poésie mondaine

Quel est l'objet de l'éloge dans le poème suivant ? Relevez et commentez les différents termes de la comparaison qui rythme le poème.

Ni le cher abricot que j'aime,
Ni la fraise avecque la crème,
Ni la manne qui vient du ciel,
Ni le pur aliment du miel,
Ni la poire de Tours sacrée,
Ni la verte figue sucrée,
Ni la prune au jus délicat,
Ni même le raisin muscat
(Parole pour moi bien étrange),
Ne sont qu'amertume et que fange
Auprès de ce MELON divin,
Honneur du climat angevin.

ANTOINE DE SAINT-AMANT, *Œuvres*, 1629.

Exercice 4 Le pouvoir des fables

1. Quelles sont les caractéristiques d'écriture du récit et de la morale ?

2. Quelle est la leçon délivrée ? À qui La Fontaine s'adresse-t-il ?

Une Grenouille vit un Bœuf
Qui lui sembla de belle taille.
Elle qui n'était pas grosse en tout comme un œuf,
Envieuse s'étend, et s'enfle, et se travaille
Pour égaler l'animal en grosseur,
Disant : « Regardez bien, ma sœur ;
Est-ce assez ? dites-moi ; n'y suis-je point encore ?
– Nenni. – M'y voici donc ? – Point du tout. – M'y voilà ?
– Vous n'en approchez point. » La chétive Pécore[1]
S'enfla si bien qu'elle creva.
Le monde est plein de gens qui ne sont pas plus sages :
Tout bourgeois veut bâtir comme les grands seigneurs,
Tout petit prince a des ambassadeurs,
Tout marquis veut avoir des pages[2].

JEAN DE LA FONTAINE, *Fables*, 1668.

1. **Pécore** : animale.
2. **Pages** : serviteurs.

Lecture

1. **À qui Voltaire s'adresse-t-il dans ce poème ? Repérez les différents passages où il interpelle ses destinataires.**

2. **Relevez et classez sous forme de champs lexicaux les termes qui soulignent l'ampleur de la catastrophe.**

3. **Sur quelle opposition les derniers vers insistent-ils ? Quelle leçon de philosophie le poème adresse-t-il au lecteur ?**

Écriture : Entraînement au commentaire

4. **Vous rédigerez un paragraphe de commentaire du poème de Voltaire dans lequel vous montrerez comment le philosophe met la poésie au service du combat des Lumières.**

La poésie didactique

Bouleversé par le tremblement de terre qui ravage la capitale du Portugal, Voltaire écrit un long poème tragique dans lequel il s'interroge sur la souffrance qui frappe des innocents.

O malheureux mortels ! ô terre déplorable !
O de tous les mortels assemblage[1] effroyable !
D'inutiles douleurs éternel entretien !
Philosophes trompés qui criez : « Tout est bien »
Accourez, contemplez ces ruines affreuses
Ces débris, ces lambeaux, ces cendres malheureuses,
Ces femmes, ces enfants l'un sur l'autre entassés,
Sous ces marbres rompus ces membres dispersés ;
Cent mille infortunés que la terre dévore,
Qui, sanglants, déchirés, et palpitants encore,
Enterrés sous leurs toits, terminent sans secours
Dans l'horreur des tourments leurs lamentables jours !
Aux cris demi-formés de leurs voix expirantes,
Au spectacle effrayant de leurs cendres fumantes,
Direz-vous : « C'est l'effet des éternelles lois
Qui d'un Dieu libre et bon nécessitent le choix » ?
Direz-vous, en voyant cet amas de victimes :
« Dieu s'est vengé, leur mort est le prix de leurs crimes » ?
Quel crime, quelle faute ont commis ces enfants
Sur le sein maternel écrasés et sanglants ?
Lisbonne, qui n'est plus, eut-elle plus de vices
Que Londres, que Paris, plongés dans les délices ?
Lisbonne est abîmée[2], et l'on danse à Paris.

VOLTAIRE, *Poème sur le désastre de Lisbonne*, 1756.

1. **Assemblage** : amas. 2. **Abîmée** : plongée dans un abîme, entièrement détruite.

REPÈRES

Écriture poétique et quête du sens, depuis le XIXe siècle

La poésie du XXe siècle se caractérise par une volonté constante de renouveau. Le poète est progressivement libre d'exprimer sa quête du sens et d'interroger le monde dans un langage dégagé de toute contrainte.

1. Au XIXe siècle : la remise en cause des normes

→ **Le romantisme et l'appel aux émotions.** Interpellant les puissants et le peuple, le poète apparaît comme la conscience de la société. Il traduit l'intensité et la diversité des émotions de l'homme : l'amour, la solitude, la souffrance devant la mort. Mais le poète a aussi pour rôle, comme l'écrit Victor Hugo, de « marcher devant les peuples comme une lumière ». Indigné par le spectacle de la misère, il dénonce dans ses œuvres toutes les formes d'oppressions.

→ **La révolte des poètes maudits.** Héritier des romantiques, Baudelaire exprime les contradictions du monde industriel. Devant la réalité, il est partagé entre la recherche d'un idéal de beauté et le constat de la laideur et de l'ennui. Ses poèmes expriment cette quête du sens entre Spleen et Idéal. À sa suite, Verlaine et Rimbaud font l'expérience de la bohème : l'indignation devant la guerre, l'errance sur les chemins, la mélancolie du souvenir, la haine de la bourgeoisie nourrissent leurs œuvres, qui se délivrent peu à peu des contraintes du vers. Ces poètes, « maudits » de leur vivant, ouvrent la voie à la poésie moderne.

→ **Le symbolisme et l'art de la suggestion.** À la fin du siècle, Mallarmé et les poètes symbolistes cherchent la signification de l'univers dans l'exploration de « correspondances » : il s'agit pour eux de découvrir les symboles qui laissent entrevoir un monde mystérieux et caché, où se trouve la véritable beauté.

2. Depuis le XXe siècle : la volonté constante de renouveau

→ **La célébration d'un monde nouveau.** Les poètes de l'Avant-garde portent un regard admiratif sur le monde moderne. Apollinaire et Cendrars renouvellent le lyrisme à travers l'utilisation du vers libre et une mise en forme originale du texte. Leur poésie explore des thématiques modernes comme le voyage, la guerre ou la ville. À leur tour, les surréalistes font scandale. Face au désastre de la guerre, ils ouvrent la poésie au monde du rêve et du hasard. S'appuyant sur la fulgurance des images, ils redonnent un sens au monde.

→ **Poésie et résistances.** La Seconde Guerre mondiale pousse les poètes à mettre leurs écrits au service de la Résistance. La poésie devient pour Paul Éluard, René Char ou Louis Aragon le moyen de garder l'espoir. Cette dimension se retrouve chez Léopold Sédar Senghor et Aimé Césaire. Défenseurs du concept de la « négritude », leurs poèmes combattent pour l'accession des peuples africains à l'indépendance.

→ **L'exploration du quotidien.** En marge du surréalisme, Queneau et Prévert expriment leur attachement à la culture populaire. Leur poésie, libérée des contraintes formelles et stylistiques, mêle la critique sociale à la tendresse pour les déshérités : l'enfant rebelle, le clochard, les amoureux… Leur poésie touche ainsi un grand nombre de lecteurs, sensibles au langage argotique et à l'humour.

Exercice 1 Le romantisme et l'appel aux émotions

1. Étudiez la composition du poème : strophes, vers, rimes, thèmes développés.

2. Quel est le champ lexical dominant du poème ? Montrez comment Nerval explore toute la palette des sentiments et des émotions.

Déjà les beaux jours, – la poussière,
Un ciel d'azur et de lumière,
Les murs enflammés, les longs soirs ;
– Et rien de vert : – à peine encore
Un reflet rougeâtre décore
Les grands arbres aux rameaux noirs !

Ce beau temps me pèse et m'ennuie,
– Ce n'est qu'après des jours de pluie
Que doit surgir, en un tableau,
Le printemps verdissant et rose ;
Comme une nymphe fraîche éclose,
Qui, souriante, sort de l'eau.

GÉRARD DE NERVAL, *Odelettes*, 1833.

Exercice 2 La révolte des poètes maudits

1. Quelle est la forme de ce poème ? Étudiez sa progression.

2. Qu'est-ce qui provoque successivement la révolte du poète ? Commentez le dernier vers.

3. Quel sens les vers 7 et 8 viennent-ils redonner au monde des hommes ?

Tandis que les crachats rouges de la mitraille
Sifflent tout le jour par l'infini du ciel bleu ;
Qu'écarlates ou verts, près du Roi qui les raille,
Croulent les bataillons en masse dans le feu ;

Tandis qu'une folie épouvantable broie
Et fait de cent milliers d'hommes un tas fumant ;
– Pauvres morts ! dans l'été, dans l'herbe, dans ta joie,
Nature ! ô toi qui fis ces hommes saintement !... –

Il est un Dieu qui rit aux nappes damassées
Des autels, à l'encens, aux grands calices d'or ;
Qui dans le bercement des hosannah s'endort,

Et se réveille, quand des mères, ramassées
Dans l'angoisse, et pleurant sous leur vieux bonnet noir,
Lui donnent un gros sou lié dans leur mouchoir !

ARTHUR RIMBAUD, « Le Mal », *Poésies*, 1870.

Exercice 3 La célébration d'un monde nouveau

1. Quels sont les différents lieux évoqués ou suggérés par le poème ?
2. Quelles images confrontent le monde ancien et le monde moderne ?
3. Montrez comment le vers se libère de toutes les contraintes de la versification.

Oh viens !

Si tu veux nous irons en aéroplane et nous survolerons le pays
des mille lacs,

Les nuits y sont démesurément longues
L'ancêtre préhistorique aura peur de mon moteur
J'atterrirai
Et je construirai un hangar pour mon avion avec les os fossiles
de mammouth

Le feu primitif réchauffera notre pauvre amour

BLAISE CENDRARS, *Prose du Transsibérien et de la petite Jehanne de France*, Denoël, 1947, 1963, 2001, 2005. © Miriam Cendrars, 1961.

Exercice 4 Poésie et résistances

1. À qui le poète s'adresse-t-il ? Que réclame-t-il ?
2. Par quels procédés le rythme du poème est-il imprimé ?
3. Relevez et analysez trois images poétiques.

mon peuple quand
hors des jours étrangers
germeras-tu une tête tienne sur tes épaules renouées
et ta parole
le congé dépêché aux traîtres
aux maîtres
le pain restitué la terre lavée
la terre donnée
quand
quand donc cesseras-tu d'être le jouet sombre
au carnaval des autres
ou dans les champs d'autrui
l'épouvantail désuet
demain
à quand demain mon peuple
la déroute mercenaire

AIMÉ CÉSAIRE, *Cahier d'un retour au pays natal*, Présence Africaine, 1947.

Lecture

1. **Quelle image l'auteur donne-t-il de lui-même dans ce poème ?**

2. **Observez la construction du poème. Dans quelle mesure respecte-t-il les règles de la versification classique ?**

3. **Quelle leçon de sagesse le poète tire-t-il de cet objet du quotidien ? Commentez le dernier vers.**

Écriture : initiation au commentaire

4. **Vous commenterez ce poème en montrant comment Jacques Réda parvient à renouveler de manière originale le thème traditionnel du temps qui passe.**

LE PÈSE-LETTRE

L'un des objets que j'ai le plus appréciés dans ma vie
Est ce pèse-lettre qu'un jour lointain tu m'as offert.
J'entretenais alors une correspondance active,
J'expédiais même à l'étranger des plis assez divers.
Et, tout en m'accordant le plaisir d'aller à la poste,
J'avais celui de calculer d'abord exactement,
À mon guichet, le coût des paquets et des enveloppes
Où, muni du tarif, je portais l'affranchissement.
J'utilise moins maintenant cet appareil très simple,
Gradué par de petits traits jusqu'au demi-kilo,
Car mes envois n'exigent plus en général qu'un timbre
Ordinaire. Ainsi la poussière a couvert le plateau
En métal poli mais sans que, de façon même infime,
Le curseur qui, sur le cadran, marque en rouge le poids,
Ait bougé. Pourtant à la longue on devrait, j'imagine,
Relever une différence et voir combien les mois,
Les saisons écoulées depuis la pesée précédente
Valent en termes de poussière. Or juste ce matin,
Ayant été soudain saisi d'une crise effrayante
(Annuelle) de nettoyage à quoi n'échappe rien,
J'ai rendu l'inox du plateau légèrement concave
À son lisse éclat de miroir quelque peu déformant.
Il a reflété tout le ciel où couraient des nuages
Et j'ai pu constater que l'espace ne pèse pas plus que le temps.

JACQUES RÉDA, « Le pèse-lettre », *L'incorrigible*, Gallimard, 1995.

Objet
d'étude 1re
chapitre 11

REPÈRES

La question de l'Homme dans les genres de l'argumentation du XVIe au XVIIIe siècle

Du siècle de l'humanisme au siècle des Lumières, la question de l'Homme est au cœur des genres de l'argumentation. En explorant tous les domaines de la connaissance, les écrivains participent à la vie de leur temps et définissent la place de l'homme dans la société.

1. Au XVIe siècle : la passion de la connaissance

→ **La connaissance du monde.** Les humanistes sont passionnés par les grandes découvertes : les voyages, l'imprimerie, l'astronomie, l'anatomie, l'architecture... Ils éprouvent le sentiment de sortir des « ténèbres » du Moyen Âge et de vivre une période de renaissance qu'ils défendent dans leurs écrits. Ils placent l'homme au centre de leurs préoccupations.

→ **La connaissance de l'homme.** Les humanistes trouvent dans la lecture des auteurs de l'Antiquité une leçon de sagesse. En réfléchissant sur eux-mêmes, ils prennent position sur tous les problèmes qui touchent à la formation et à l'épanouissement des individus, comme l'éducation, la religion ou la politique.

2. Au XVIIe siècle : l'écrivain au service de la morale

→ **Le procès des mœurs.** La figure du roi est au centre de la société. Les écrivains classiques, comme Molière ou La Fontaine, dénoncent les ridicules et les vices des courtisans. Ils s'interrogent sur les rapports que les hommes entretiennent, critiquent l'ambition des puissants et des militaires, l'hypocrisie des faux dévots, ou l'indifférence des riches à l'égard des plus pauvres.

→ **Un idéal moral.** Les moralistes, comme La Bruyère ou Pascal, cherchent à établir des règles de conduite à l'égard de ce qui leur semble juste. Les débats débordent le cadre de l'écrit : conversations animées des salons précieux, sermons éloquents de Bossuet et Fénelon prononcés à l'église, répliques et tirades argumentatives de Corneille et de Molière sur la scène des théâtres. Tous dessinent la figure idéale de l'honnête homme.

3. Le philosophe des Lumières et la conquête de la liberté

→ **Le combat contre l'ignorance.** Les philosophes des Lumières ont pour objectif de transmettre le savoir au plus grand nombre, car il est pour eux la condition d'une vraie liberté. Ils combattent les préjugés, les superstitions et le fanatisme au nom de la raison. Denis Diderot conçoit par exemple le projet de l'*Encyclopédie* comme un moyen d'éclairer les hommes en les sortant des ténèbres de l'ignorance.

→ **Le combat contre les injustices.** Les philosophes des Lumières s'attaquent à toutes les injustices de leur temps : ils remettent ainsi en cause l'absolutisme du pouvoir, l'esclavage, les inégalités sociales, la censure ou la torture.

→ **Le combat pour la République.** Avec la Révolution française, le contrat social des philosophes des Lumières trouve un aboutissement. Le discours argumentatif, intense et polémique, permet l'affrontement des idées autour des notions d'égalité et de liberté. Le citoyen est désormais au cœur des préoccupations.

Exercice 1 L'humanisme et la passion de la connaissance

1. Quels sont les progrès constatés par Gargantua ?
2. Quels conseils donne-t-il à son fils ? Pourquoi peut-on parler de valeurs humanistes ?

« Maintenant toutes les sciences sont rétablies, l'étude des langues anciennes est instaurée : le grec, sans lequel personne ne peut se dire savant sans honte, l'hébreu, le chaldéen, le latin. L'édition des livres est aujourd'hui tellement élégante et conforme, grâce à l'imprimerie qui a été inventée à mon époque par l'inspiration divine, comme à l'opposé, l'artillerie l'a été par celle du diable. Le monde entier est si plein de gens savants, de précepteurs très doctes, de bibliothèques très vastes, qu'à mon avis, ni au temps de Platon, ni à celui de Cicéron, ni à celui de Papinien[1], il n'y avait autant de commodité pour étudier que maintenant. [...]

Sois serviable à tous tes prochains et aime-les comme toi-même. Révère tes précepteurs ; fuis la compagnie des gens auxquels tu ne veux point ressembler, et, les dons que Dieu t'a donnés, utilise-les pleinement. »

FRANÇOIS RABELAIS, *Pantagruel* (français modernisé), 1532.

1. **Platon, Cicéron, Papinien** : auteurs de l'Antiquité.

Exercice 2 L'écrivain au service de la morale

1. Quels défauts des hommes chaque moraliste relève-t-il ?
2. Confrontez les stratégies argumentatives choisies.

TEXTE A

L'homme est si malheureux qu'il s'ennuierait même sans aucune cause d'ennui par l'état propre de sa complexion. Et il est si vain qu'étant plein de mille causes essentielles d'ennui, la moindre chose comme un billard et une balle qu'il pousse suffisent pour le divertir.

Mais, direz-vous, quel est l'objet de tout cela ? celui de se vanter demain entre ses amis de ce qu'il a mieux joué qu'un autre.

BLAISE PASCAL, *Pensées*, 1669.

TEXTE B

Champagne, au sortir d'un long dîner qui lui enfle l'estomac, et dans les douces fumées d'un vin d'Avenay ou de Sillery, signe un ordre qu'on lui présente, qui ôterait le pain à toute une province si l'on n'y remédiait. Il est excusable : quel moyen de comprendre, dans la première heure de la digestion, qu'on puisse quelque part mourir de faim ?

JEAN DE LA BRUYÈRE, *Les Caractères ou mœurs de ce siècle*, 1688.

Exercice 3 Un idéal moral

Expliquez comment dans cette fable, La Fontaine dresse par contraste le portrait de ce que doit être un « honnête homme ».

En ce monde il se faut l'un l'autre secourir.
Si ton voisin vient à mourir,
C'est sur toi que le fardeau tombe.

Un Âne accompagnait un cheval peu courtois,
Celui-ci ne portant que son simple harnois,
Et le pauvre Baudet si chargé qu'il succombe.
Il pria le Cheval de l'aider quelque peu :
Autrement il mourrait devant que d'être à la ville.
« La prière, dit-il, n'en est pas incivile :
Moitié de ce fardeau ne vous sera que jeu. »
Le Cheval refusa, fit une pétarade ;
Tant qu'il vit sous le faix[1] mourir son camarade,
Et reconnut qu'il avait tort.
Du Baudet en cette aventure,
On lui fit porter la voiture,
Et la peau par-dessus encor.

JEAN DE LA FONTAINE, « Le Cheval et l'Âne », *Fables*, VI, 1668.

1. **Le faix** : le poids.

Exercice 4 Le philosophe des Lumières

1. **Quelle est l'ambition principale de l'*Encyclopédie* ?**
2. **Comment Diderot définit-il l'homme dans le second paragraphe ?**
3. **Quel doit être le rôle du philosophe des Lumières ?**

Le but d'une encyclopédie est de rassembler les connaissances éparses sur la surface de la Terre, d'en exposer le système général aux hommes avec qui nous vivons, et de le transmettre aux hommes qui viendront après nous ; afin que les travaux des siècles passés n'aient pas été des travaux inutiles pour les siècles qui succéderont ; que nos neveux, devenant plus instruits, deviennent en même temps plus vertueux et plus heureux, et que nous ne mourions pas sans avoir bien mérité du genre humain.

Une considération, surtout, qu'il ne faut point perdre de vue, c'est que si l'on bannit l'homme ou l'être pensant et contemplateur de dessus la surface de la terre, ce spectacle pathétique et sublime de la nature n'est plus qu'une scène triste et muette. L'univers se tait ; le silence et la nuit s'en emparent.

DENIS DIDEROT, *Encyclopédie*, 1759.

Lecture

1. Étudiez le discours de l'esclave. Pourquoi peut-on dire qu'il constitue un réquisitoire contre l'esclavage ?

Écriture : Préparation au commentaire

2. Montrez sous la forme d'un paragraphe rédigé comment la forme du conte philosophique permet à Voltaire de dénoncer l'esclavage de manière efficace.

Candide parcourt la planète, découvrant peu à peu les terribles réalités qui l'habitent.

En approchant de la ville, ils rencontrèrent un nègre étendu par terre, n'ayant plus que la moitié de son habit, c'est-à-dire d'un caleçon de toile bleue ; il manquait à ce pauvre homme la jambe gauche et la main droite. « Eh ! mon Dieu ! lui dit Candide en hollandais, que fais-tu là, mon ami, dans l'état horrible où je te vois ? – J'attends mon maître, M. Vanderdendur, le fameux négociant, répondit le nègre. – Est-ce M. Vanderdendur, dit Candide, qui t'a traité ainsi ? – Oui, monsieur, dit le nègre, c'est l'usage. On nous donne un caleçon de toile pour tout vêtement deux fois l'année. Quand nous travaillons aux sucreries, et que la meule nous attrape le doigt, on nous coupe la main ; quand nous voulons nous enfuir, on nous coupe la jambe : je me suis trouvé dans les deux cas. C'est à ce prix que vous mangez du sucre en Europe. Cependant, lorsque ma mère me vendit dix écus patagons sur la côte de Guinée, elle me disait : «Mon cher enfant, bénis nos fétiches[1], adore-les toujours, ils te feront vivre heureux ; tu as l'honneur d'être esclave de nos seigneurs les blancs, et tu fais par là la fortune de ton père et de ta mère.» Hélas ! je ne sais pas si j'ai fait leur fortune, mais ils n'ont pas fait la mienne. Les chiens, les singes et les perroquets sont mille fois moins malheureux que nous ; les fétiches hollandais qui m'ont converti me disent tous les dimanches que nous sommes tous enfants d'Adam, blancs et noirs. Je ne suis pas généalogiste ; mais si ces prêcheurs disent vrai, nous sommes tous cousins issus de germain. Or vous m'avouerez qu'on ne peut pas en user avec ses parents d'une manière plus horrible.

– Ô Pangloss ! s'écria Candide, tu n'avais pas deviné cette abomination ; c'en est fait, il faudra qu'à la fin je renonce à ton optimisme.

– Qu'est-ce qu'optimisme ? disait Cacambo.

– Hélas ! dit Candide, c'est la rage de soutenir que tout est bien quand tout est mal» ; et il versait des larmes en regardant son nègre ; et en pleurant, il entra dans Surinam.

VOLTAIRE, *Candide*, 1759.

1. **Fétiches :** objets de culte supposés chargés d'une puissance surnaturelle.

Objet
d'étude 1re
chapitre 12

REPÈRES

La question de l'Homme dans les genres de l'argumentation depuis le XIXe siècle

Si l'écrivain demeure une figure centrale de la société, il est de plus en plus concurrencé par des intellectuels issus de disciplines nouvelles. L'essor des médias et la formation d'un public toujours plus large inscrivent peu à peu les genres de l'argumentation dans la réalité quotidienne.

1. Le XIXe siècle et la réflexion sur le progrès

→ **La dénonciation des injustices.** Des écrivains comme Victor Hugo ou Alphonse de Lamartine, font partager dans leurs œuvres, dans la presse ou à l'Assemblée, leurs préoccupations devant les injustices sociales. Ils soulignent l'oppression des peuples, la misère, le pouvoir de l'argent, les difficultés de la démocratie.

→ **La foi dans la science.** Les écrivains, les philosophes, les historiens s'appuient sur les découvertes scientifiques pour expliquer le monde et l'homme. Ils se passionnent pour le progrès, qui transforme profondément les modes de vie et de pensée. Ils manifestent leur foi dans un avenir meilleur, fondé sur les certitudes de la science.

2. Le XXe siècle et le regard sur la condition humaine

→ **Les écrivains face aux crises.** L'idéal de civilisation fondé par la Révolution française est remis en cause par les deux guerres mondiales et les affrontements idéologiques. Les écrivains sont conduits à combattre ou à prendre position dans les débats passionnés qui agitent la société devant les crises qui se succèdent.

→ **Une nouvelle définition de l'homme.** Face à la complexité grandissante du monde, la réflexion sur l'homme se spécialise à travers l'émergence des sciences humaines : la sociologie, la psychanalyse, l'ethnologie, etc. explorent de manière scientifique tous les aspects de l'individu et de la société.

3. Le XXIe siècle : l'homme face à la mondialisation

→ **L'affrontement et le partage des cultures.** La disparition des frontières provoque chez certains la crainte de perdre leur identité culturelle et linguistique. Mais elle représente pour d'autres l'occasion d'une richesse nouvelle fondée sur l'échange et le respect.

→ **Les médias au cœur de l'existence.** L'omniprésence des médias dans la vie quotidienne, à travers la mise en réseau des individus, modifie les formes traditionnelles de l'argumentation. L'échange d'opinions est immédiat et le débat est permanent entre tous les citoyens.

→ **L'argumentation menacée ?** Les nouvelles technologies suscitent des craintes sur les dérives qu'elles permettent : la diffusion des rumeurs et toutes les formes de manipulations. Ainsi, les formes classiques de l'argumentation laissent parfois place à un débat dans lequel la réflexion est remplacée par le foisonnement d'opinions fondées sur la crainte ou les émotions.

Exercice 1 La réflexion sur le progrès

1. Que dénonce Victor Hugo dans ce discours ?

2. Quelle thèse défend-il dans le second paragraphe ? Étudiez les procédés sur lesquels repose son argumentation.

Il y a dans Paris, dans ces faubourgs de Paris que le vent de l'émeute soulevait naguère si aisément, il y a des rues, des maisons, des cloaques, où des familles, des familles entières, vivent pêle-mêle, hommes, femmes, jeunes filles, enfants, n'ayant pour lits, n'ayant pour couvertures, j'ai presque dit pour vêtements, que des monceaux infects de chiffons en fermentation, ramassés dans la fange du coin des bornes, espèce de fumier des villes, où des créatures humaines s'enfouissent toutes vivantes pour échapper au froid de l'hiver [...].

Eh bien, messieurs, je dis que ce sont là des choses qui ne doivent pas être ; je dis que la société doit dépenser toute sa force, toute sa sollicitude, toute son intelligence, toute sa volonté, pour que de telles choses ne soient pas !

VICTOR HUGO, *Discours sur la misère à l'Assemblée nationale,* 9 juillet 1849.

Exercice 2 La foi dans la science

1. Quelle est la thèse défendue par l'auteur dans cet extrait ?

2. Quels arguments et quels exemples apporte-t-il ?

3. En quoi cette croyance peut-elle aujourd'hui paraître utopique ?

Souvenez-vous combien était pénible autrefois le travail de la moisson ; maintenant une machine supporte tout l'effort et le rend inutile. Souvenez-vous quelle richesse a produite, dans la richesse publique, la fabrication du sucre de betteraves.

Que n'aurais-je à dire des bienfaits que l'humanité doit aux progrès de la physiologie, des sciences de la vie ? Autrefois, telle maladie était tenue pour incurable. Maintenant on la guérit radicalement en quelques minutes.

Ai-je réussi à vous montrer que ces études, en apparence réservées à un petit nombre, sont des mères fécondes de découvertes dont tous profitent, que le peuple a le plus grand intérêt à ce qu'il y ait des savants qui travaillent à agrandir le cercle des connaissances humaines, que les plus belles inventions sortent de travaux d'abord obscurs et solitaires ?

Je suis convaincu que les progrès de la mécanique, de la chimie, seront la rédemption de l'ouvrier.

ERNEST RENAN, *Conférences*, 1890.

EXERCICES

Exercice 3 Le regard sur la condition humaine

1. Quelle est la thèse défendue dans les textes suivants ? Dans quel contexte historique chaque texte s'inscrit-il ?
2. Quelles certitudes du passé Paul Valéry remet-il en cause ? Expliquez ce qui, à ses yeux, fonde une civilisation. À quelle conclusion parvient-il ?
3. Quelle menace les « conquêtes scientifiques » font-elles peser sur l'humanité (texte B) ? Qu'est-ce qui indigne l'auteur dans les réactions de ses contemporains ?

TEXTE A

Nous autres, civilisations, nous savons maintenant que nous sommes mortelles.

Nous avions entendu parler de mondes disparus tout entiers, d'empires coulés à pic avec tous leurs hommes et tous leurs engins ; descendus au fond inexplorable des siècles avec leurs dieux et leurs lois, leurs académies et leurs sciences pures et appliquées, avec leurs grammaires, leurs dictionnaires, leurs classiques, leurs romantiques et leurs symbolistes, leurs critiques et les critiques de leurs critiques. Nous savions bien que toute la terre apparente est faite de cendres, que la cendre signifie quelque chose. […]

Et nous voyons maintenant que l'abîme de l'histoire est assez grand pour tout le monde. Nous sentons qu'une civilisation a la même fragilité qu'une vie.

PAUL VALÉRY, *La Crise de l'esprit*, Gallimard, 1919.

TEXTE B

Le monde est ce qu'il est, c'est-à-dire peu de choses. C'est ce que chacun sait depuis hier grâce au formidable concert que la radio, les journaux et les agences d'informations viennent de déclencher au sujet de la bombe atomique. On nous apprend, en effet, au milieu d'une foule de commentaires enthousiastes, que n'importe quelle ville d'importance moyenne peut être totalement rasée par une bombe de la grosseur d'un ballon de football. Des journaux américains, anglais et français se répandent en dissertations élégantes sur l'avenir, le passé, les inventeurs, le coût, la vocation pacifique et les effets guerriers, les conséquences politiques et même le caractère indépendant de la bombe atomique. Nous nous résumerons en une phrase : la civilisation mécanique vient de parvenir à son dernier degré de sauvagerie. Il va falloir choisir, dans un avenir plus ou moins proche, entre le suicide collectif et l'utilisation intelligente des conquêtes scientifiques.

ALBERT CAMUS, article paru dans *Combat*, 8 août 1945.

Lecture

1. Quel est le thème commun aux trois textes suivants ? Repérez la thèse défendue par chaque auteur.

2. Quel regard l'historien porte-t-il sur la société française (texte A) ?

3. Quelles richesses apportent les échanges selon le texte C ?

Écriture : Entraînement à l'écriture de synthèse

4. Vous résumerez les textes A et B en quelques lignes, en prenant garde à reformuler les idées défendues sans reprendre les mots ou les phrases des textes.

TEXTE A

Regardons la foule dans le métro (parisien) ou dans les rues de villes comme Lyon, Marseille, Lille ou Grenoble dit un sociologue, Augustin Barbara. L'extrême diversité des visages et des types humains révèle la grande richesse de cette population et en même temps le ridicule des slogans qui veulent « mettre les étrangers dehors ». La population française est un tissu composé de plusieurs ethnies, de plusieurs peuples régionaux rassemblés, auxquels se sont joints, par les différentes immigrations depuis plus d'un siècle, des étrangers d'Europe ou de pays plus lointains.

Fernand Braudel, *L'Identité de la France*, Flammarion, 1986.

TEXTE B

La notion même d'identité a longtemps servi de muraille : faire le compte de ce qui est à soi, le distinguer de ce qui tient de l'Autre, qu'on érige alors en menace illisible, empreinte de barbarie. Le mur identitaire a donné les éternelles confrontations de peuples, les empires, les expansions coloniales, la Traite des nègres, les atrocités de l'esclavage américain et tous les génocides. Le côté mur de l'identité a existé, existe encore, dans toutes les cultures, tous les peuples [...].

Les cultures, les civilisations et les peuples se sont quand même rencontrés, fracassés, mutuellement embellis et fécondés, souvent sans le savoir. La moindre invention, la moindre trouvaille, s'est toujours répandue dans tous les peuples à une vitesse étonnante. De la roue à la culture sédentaire. Le progrès humain ne peut pas se comprendre sans admettre qu'il existe un côté dynamique de l'identité, et qui est celui de la relation.

Patrick Chamoiseau et Édouard Glissant, *Les Murs*, © Institut du Tout-monde, revue *Les Périphériques*, 2007.

TEXTE C

Les mots aussi voyagent ... D'abord, ils accompagnent les choses. Ainsi, une foule de mots venus d'ailleurs arrivent sur notre territoire avec des denrées, des marchandises qui font l'objet d'échanges et, en s'emparant de la chose, on s'approprie aussi son nom. En échangeant des produits, les peuples échangent tout naturellement des mots. Mais les mots étrangers évoquant des réalités subtiles, des choses qui ne se pèsent ni ne se mangent, ces mots-là peuvent attiser notre curiosité, nous ouvrir de nouveaux horizons, il nous les faut aussi. Ceux-là accompagnent les gens. Ils nous viennent avec les marins, avec les marchands, avec les voyageurs... ou avec les soldats. Les échanges de coups sont heureusement suivis, parfois, d'échanges culturels. Il ne faudrait pas oublier les savants, qui sont aussi pourvoyeurs.

MARIE TREPS, *Les mots voyageurs,* Petite histoire du français venu d'ailleurs, Seuil, 2003.

Genres et Mouvements

REPÈRES LITTÉRAIRES ET CULTURELS

L'histoire littéraire

Les œuvres littéraires s'inscrivent dans un contexte historique, social et culturel, qui évolue de façon permanente. Cette évolution, marquée par des périodes de stabilité et des révolutions brutales, détermine l'émergence de courants profondément ancrés dans la vie littéraire, mais aussi l'apparition de ruptures violentes qui renouvellent la littérature.

Époque	Histoire littéraire	Les grands auteurs
Le Moyen Âge (500-1500)	• Chantée par les troubadours, la littérature du monde féodal est d'abord orale. Mais les écrits religieux, les chansons de geste, les romans de chevalerie sont reproduits par des clercs sur des parchemins. Les farces et les fabliaux représentent avec humour la vie quotidienne. La poésie exalte l'amour courtois. Alors que le français se substitue peu à peu au latin, l'invention de l'imprimerie en 1440 assure l'essor du livre.	• De nombreux auteurs anonymes • Chrétien de Troyes • Christine de Pisan • Charles d'Orléans • François Villon
La Renaissance (XVIe siècle)	• La passion pour la culture antique, la découverte du Nouveau Monde, le développement des arts et des sciences caractérisent le XVIe siècle, en pleine « renaissance ». • Une vie de cour raffinée se développe autour de François Ier et des grands seigneurs dans les châteaux édifiés sur les bords de la Loire. Les poètes y chantent la gloire des puissants et le triomphe de l'amour. • De nombreux écrivains engagent une réflexion sur l'homme et la société, tandis que les guerres de religion bouleversent la fin du siècle.	• Clément Marot • François Rabelais • Joachim Du Bellay • Pierre de Ronsard • Michel de Montaigne • Théodore Agrippa d'Aubigné • Louise Labé
L'âge classique (XVIIe siècle)	• Après une période de troubles politiques, Louis XIV impose son autorité et fait de Versailles le symbole du pouvoir royal. • Protégés par le roi, les écrivains font triompher les chefs-d'œuvre du classicisme. Les salons et les Académies favorisent le « beau langage » en fixant normes et règles. • Les fables et les satires prennent pour cible la société et les mœurs du temps. À la croisée de la cour et de la ville se forge ainsi l'idéal de l'honnête homme.	• Pierre Corneille • Blaise Pascal • Molière • Jean de La Fontaine • Jean Racine • Mme de Lafayette • Jean de La Bruyère

Époque	Histoire littéraire	Les grands auteurs
Le siècle des Lumières (XVIIIe siècle)	• À la mort de Louis XIV, la société française est en quête de bonheur et de liberté. Dans les salons et les cafés, les écrivains philosophes exercent leur esprit critique contre les préjugés. • Ils réclament dans leurs écrits polémiques plus de tolérance et de justice. S'appuyant sur la raison, ils ont pour ambition d'éclairer les esprits : c'est le siècle des « lumières ». • La Révolution française est l'aboutissement de la remise en cause de l'Ancien Régime.	• Montesquieu • Marivaux • Voltaire • Denis Diderot • Jean-Jacques Rousseau • Beaumarchais • Choderlos de Laclos • Condorcet
Le temps des révoltes et des certitudes (XIXe siècle)	• Les idéaux nés de la Révolution sont bridés par l'Empire et la Restauration. Les écrivains conservent un esprit de révolte contre l'ordre établi. La société industrielle assure le triomphe de la bourgeoisie. L'essor du livre et de la presse permet de multiplier le nombre de lecteurs. • Le roman s'impose comme le genre littéraire dominant. Alors que les avancées des techniques bouleversent le monde, la littérature est partagée entre l'exaltation du progrès et le constat d'une misère nouvelle, liée au développement du milieu ouvrier.	• François-René de Chateaubriand • Victor Hugo • Stendhal • Honoré de Balzac • Gustave Flaubert • Charles Baudelaire • Paul Verlaine • Arthur Rimbaud • Émile Zola • Guy de Maupassant
L'explosion des avant-gardes (XXe siècle)	• Au début du siècle, l'art et la littérature font preuve d'un dynamisme exceptionnel qui conduit à inventer des formes d'expression nouvelles. Contestant les valeurs d'une société qui conduit l'homme au désastre de deux guerres mondiales, les écrivains s'engagent par leurs prises de position. Leurs œuvres témoignent d'une réflexion sur le sens de l'existence humaine. • Dans la seconde moitié du siècle, la société de consommation provoque de nouvelles interrogations sur la solitude au sein des sociétés modernes.	• Marcel Proust • Guillaume Apollinaire • André Breton • Paul Éluard • Louis-Ferdinand Céline • Albert Camus • Jean-Paul Sartre • Eugène Ionesco • Bernard-Marie Koltès • Marguerite Duras
Les ouvertures et les interrogations (XXIe siècle)	• La mondialisation de l'économie et des échanges engendre l'uniformité de la culture. Mais elle favorise aussi des formes littéraires originales, fondées sur le métissage et la littérature francophone. • Le roman comme le théâtre, en mettant le « je » au cœur du texte, s'interrogent ainsi sur la valeur de l'individu au sein du monde moderne.	• Michel Vinaver • Yasmina Reza • Michel Houellebecq • Alain Mabanckou • Amélie Nothomb • Jean-Marie G. Le Clézio

REPÈRES LITTÉRAIRES ET CULTURELS

Les mouvements littéraires

L'histoire littéraire est rythmée par l'apparition de mouvements successifs qui réunissent les artistes et les écrivains autour d'une vision commune du monde et de la littérature. Chaque mouvement s'inscrit dans un contexte historique particulier et s'affirme comme une rupture radicale avec les mouvements qui l'ont précédé.

Mouvement	Principes	Procédés privilégiés
L'humanisme (XVIe siècle)	• Placer l'homme au centre des préoccupations morales, sociales et esthétiques. • Encourager les sciences et l'éducation. • Se nourrir des écrivains de l'Antiquité.	• L'usage des sentences et des maximes. • La citation de la Bible et des auteurs de l'Antiquité. • L'interpellation du lecteur à travers le questionnement.
La Pléiade (XVIe siècle)	• Imiter les poètes grecs et latins, tout en écrivant en français. • Enrichir la langue par des néologismes et des mots composés. • Revaloriser le poète comme messager inspiré.	• L'adoption de l'ode et du sonnet comme formes privilégiées. • L'utilisation de l'alexandrin. • Le recours aux images et aux symboles. • L'expression des sentiments lyriques.
Le baroque (XVIIe siècle)	• Privilégier l'originalité de la création contre l'imitation des Anciens. • Exalter le désordre et le vertige devant l'univers. • Utiliser les masques et les miroirs comme symboles de la complexité du monde.	• Les formes de l'amplification et de la virtuosité : hyperboles, exagérations, antithèses. • La mise en abyme. • Les jeux sur la répétition : anaphores, parallélismes.
Le classicisme (XVIIe siècle)	• Chercher à plaire au lecteur en provoquant le rire ou les larmes. • Instruire le lecteur en délivrant un enseignement moral. • Respecter les valeurs d'ordre et de symétrie.	• L'adoption de la règle des trois unités au théâtre. • L'utilisation d'un langage soutenu dans la tragédie. • Le recours à toutes les formes de l'éloquence.
Les Lumières (XVIIIe siècle)	• Développer l'exercice de la raison critique. • Diffuser le savoir pour combattre les préjugés. • Défendre la liberté et la circulation des idées et des hommes. • Attaquer toutes les formes d'intolérance et de superstitions.	• L'utilisation des formes de la polémique, de l'ironie et de la satire. • Le recours à l'argumentation directe (l'essai) et indirecte (le conte philosophique). • L'expression de l'indignation et de la révolte.

Le romantisme (XIXe siècle)	• Exprimer les passions du moi souffrant et amoureux. • Contester les règles pour favoriser la création. • Exalter la communion avec la nature. • Rechercher la méditation dans la solitude.	• Le mélange des genres et des tons. • Les audaces de la versification. • Le langage hyperbolique. • Les formes du lyrisme.
Le réalisme (XIXe siècle)	• Refuser toutes les formes d'idéalisation. • Représenter l'homme et la société dans leur réalité. • Explorer tous les milieux. • Peindre les misères et les souffrances sociales.	• Le souci du détail vrai. • Le développement du portrait et de la description. • L'utilisation du discours indirect libre.
Le naturalisme (XIXe siècle)	• Approfondir l'héritage du réalisme. • S'appuyer sur une démarche scientifique. • Appliquer les lois de l'hérédité et de l'influence du milieu.	• L'utilisation du langage familier dans le discours direct. • Le recours aux termes spécialisés liés aux métiers. • La multiplication des symboles.
Le symbolisme (XIXe siècle)	• Créer un univers évocateur et suggestif. • Suggérer les états d'âme et les sentiments intimes. • Établir des correspondances entre le monde réel et l'univers des symboles.	• L'harmonie suggestive à travers la musicalité du langage poétique. • Le recours systématique aux symboles. • L'utilisation d'un langage énigmatique et recherché.
Le surréalisme (XXe siècle)	• S'ouvrir à l'univers du rêve et de l'inconscient. • Faire du hasard un instrument poétique. • Célébrer l'amour fou.	• L'écriture automatique. • L'utilisation d'images arbitraires et surprenantes. • Jeu sur la forme et le sens des mots.
L'existentialisme et l'absurde (XXe siècle)	• Explorer les angoisses profondes de l'homme. • Représenter un univers sans repères ni valeurs. • Exprimer la difficulté de communiquer avec les autres.	• La mise en place de situations ordinaires. • Le jeu sur les clichés et les stéréotypes du langage. • Le mélange des registres tragique et comique.
Le Nouveau Roman (XXe siècle)	• Rompre avec les formes du récit traditionnel. • Refuser la représentation classique du personnage. • Donner une vision fragmentée et énigmatique de l'univers.	• Le jeu sur les variations et les répétitions d'une même situation. • L'usage intense du monologue intérieur. • La description froide et minutieuse des objets.

REPÈRES LITTÉRAIRES ET CULTURELS

Le roman et la nouvelle

À travers les aventures des personnages, le genre romanesque constitue une forme privilégiée de représentation de l'homme et du monde. Comment définir les caractéristiques du roman et de la nouvelle ?

1. Le roman

Le roman répond au désir d'évasion du lecteur, tout en l'interrogeant sur les mutations de la société. En suivant les aventures, les passions et les inquiétudes des personnages, le lecteur est conduit à réfléchir sur lui-même et à construire ses propres valeurs.

→ Les origines du roman

Lors de leur apparition au XIIe siècle, les premiers romans sont écrits en vers, comme les romans de chevalerie de Chrétien de Troyes. Dès le siècle suivant les romans, écrits en prose, vont à la rencontre d'un public toujours plus large.

→ Les caractéristiques du roman

- Le roman est un long récit de fiction en prose qui développe une intrigue dans un lieu et une époque précise qui constituent le cadre de l'action.
- Le récit est pris en charge par un narrateur qui raconte l'histoire de nombreux. Ceux-ci sont des «êtres de papier» qui possèdent les caractéristiques des êtres vivants : une identité, une personnalité avec ses traits physiques et psychologiques.
- Au fil des aventures du personnage principal, le lecteur s'identifie à lui : il partage peu à peu les épreuves et les réussites, les joies et les peines du héros.
- Le roman recrée la société des hommes, avec ses qualités et ses défauts. Il permet ainsi au lecteur de s'interroger sur le monde et de porter un jugement sur des manières de vivre ou de penser qu'il estime bonnes ou mauvaises.

→ Les genres romanesques

Aujourd'hui, les multiples formes du roman expriment la complexité du monde moderne : romans policiers, historiques, de science-fiction, etc. Cependant, certains grands genres romanesques ont traversé les siècles.

2. La nouvelle

La nouvelle est un récit de fiction qui séduit le lecteur par sa forme brève. Celle-ci oblige l'auteur à se concentrer sur un moment à forte intensité dramatique.

→ Les origines de la nouvelle

Dès le Moyen Âge, les fabliaux racontent les aventures comiques de personnages populaires, issus des villes et des campagnes. Au XVe siècle, la nouvelle devient un genre à part entière : elle est une histoire brève, insolite et étonnante, souvent présentée comme une histoire vraie.

→ Les caractéristiques de la nouvelle

- La nouvelle peut aller de quelques lignes à plusieurs dizaines de pages. L'intrigue se concentre sur une action unique vécue par deux ou trois personnages.
- Le récit se resserre autour de lieux rapidement évoqués. Son action s'inscrit dans un temps limité, depuis l'apparition d'un événement déclencheur jusqu'au dénouement.
- La fin de la nouvelle se caractérise par un effet de surprise : la chute.

Genre romanesque	Définition	Exemples
Le roman d'analyse	Il analyse les passions humaines et notamment la passion amoureuse. Il explore la psychologie des personnages, permettant au lecteur de comprendre ses propres émotions.	• Madame de La Fayette, *La Princesse de Clèves* (1678) • Benjamin Constant, *Adolphe* (1816) • François Mauriac, *Thérèse Desqueyroux* (1927)
Le roman d'aventures	Le héros est confronté à une série d'épreuves. Il permet à l'auteur de créer des situations originales qui stimulent l'imagination du lecteur.	• Lesage, *Gil Blas* (1715) • Jules Verne, *Le Tour du monde en quatre-vingts jours* (1872) • Jean-Christophe Rufin, *Rouge Brésil* (2001)
Le roman épistolaire	Son intrigue repose sur un échange de lettres entre plusieurs personnages. Il multiplie les points de vue sur l'intrigue dont seul le lecteur connaît tous les aspects.	• Montesquieu, *Lettres persanes* (1721) • Laclos, *Les Liaisons dangereuses* (1782) • Régis Jauffret, *Lacrimosa* (2008)
Le roman de formation	Il raconte la vie d'un jeune héros qui traverse les épreuves de la famille, de l'amour et du travail. Le lecteur peut retrouver ses propres expériences dans ce récit de formation.	• Stendhal, *Le Rouge et le Noir* (1830) • Flaubert, *L'Éducation sentimentale* (1869) • Le Clézio, *Désert* (1981) • Dai Sije, *Balzac et la petite tailleuse chinoise* (2000)
Le roman autobiographique	L'auteur raconte des épisodes réels de son existence à travers les aventures d'un personnage fictif.	• Chateaubriand, *René* (1802) • Proust, *Du côté de chez Swann* (1913) • Philippe Grimbert, *Un secret* (2004)

Type de nouvelle	Définition	Exemples
La nouvelle réaliste	Elle se présente comme une histoire vraie qui confronte les personnages à un moment de leur existence : conflit amoureux, rencontre, accident, etc. Le récit décrit leurs réactions jusqu'à la chute, heureuse ou malheureuse.	• Rétif de la Bretonne, *Les Nuits de Paris* (1788) • Maupassant, *Contes de la Bécasse* (1883) • Borges, *Contes fantastiques* (1955) • Anna Gavalda, *Je voudrais que quelqu'un m'attende quelque part* (1999)
La nouvelle fantastique	Elle se présente comme une histoire ancrée dans le réel, mais confronte les personnages à l'irruption d'événements surnaturels. Le récit décrit la montée de l'angoisse, jouant avec les émotions du lecteur.	• Balzac, *L'Élixir de longue vie* (1846) • Maupassant, *Le Horla* (1887) • René Belleto, *Le Temps mort* (1974)

REPÈRES LITTÉRAIRES ET CULTURELS

Le théâtre : le texte et la scène

Le mot « théâtre » désigne d'abord la scène, c'est-à-dire le lieu où les acteurs jouent et récitent leur texte, avant de désigner le lieu de la représentation. Plus qu'un genre littéraire, le théâtre est donc un art à part entière, à la fois texte et spectacle, dont l'action se déroule sous les yeux du spectateur.

1. Le texte de théâtre

→ **Les didascalies.** En marge du texte, les didascalies, d'un mot grec qui signifie « enseigner, renseigner », décrivent les décors, les costumes, les accessoires, les mouvements ou les intonations. Plus ou moins nombreuses et précises selon les époques, elles orientent la mise en scène et la lecture.

→ **Les paroles prononcées.** S'appuyant sur le jeu des acteurs, la parole des personnages multiplie les formes de l'échange verbal.

	Définition	Effet recherché
La tirade	Longue réplique (récit, plaidoirie, réquisitoire, aveu) adressée à un ou plusieurs interlocuteurs.	Le personnage informe et s'explique ; l'auteur et l'acteur peuvent y briller.
La répartie	Réplique brève, souvent cinglante, elle peut prendre la forme d'une maxime.	La répartie souligne la vivacité de l'affrontement ou le caractère du personnage.
Le monologue	Un personnage parle seul sur scène, parfois longuement.	Il met en scène la solitude d'un personnage qui affronte une crise.
L'aparté	Réplique entendue par le public mais non par l'interlocuteur.	Il montre la difficulté d'un échange, crée une complicité avec le public.
Le quiproquo	Les personnages prennent un mot pour un autre ou ils comprennent mal une phrase.	Comique ou tragique, il souligne la fragilité du langage, révèle des traits de caractère.

2. Les règles du théâtre classique : les trois unités

La règle des trois unités est codifiée au XVIIe siècle afin de renforcer la vraisemblance, de donner l'illusion de la réalité et de concentrer l'émotion.

→ **L'unité d'action.** L'action d'une pièce de théâtre doit être « unifiée » : l'intrigue est unique et l'action qui la constitue est saisie à un moment de crise. Toutes les actions secondaires qui pourraient survenir doivent avoir un lien très fort avec l'action principale.

→ **L'unité de temps.** Le temps de l'action ne doit pas excéder celui d'une journée : idéalement, le temps de l'action coïncide avec la représentation.

→ **L'unité de lieu.** Le lieu représenté sur la scène doit reproduire le lieu unique et précis où l'action est censée se dérouler.

3. La tragédie

La tragédie déroule une crise dont l'issue est presque toujours sanglante. La fatalité, les dieux ou les passions conduisent les personnages à leur perte.

Personnages	Illustres, légendaires ou réels : héros antiques ou bibliques, princes, rois et reines...
Époque	Antérieure à celle de l'écriture, en général lointaine, comme l'Antiquité.
Lieu	Un pays lointain, souvent sur les bords de la Méditerranée, dans un palais.
Dénouement	Les héros, soumis à des forces qui les dépassent, sont voués à la mort.
Effet sur le spectateur	La tragédie inspire la terreur et la pitié pour purifier le spectateur de ses passions : c'est la *catharsis*.
Exemples	Corneille, *Cinna* ; Racine, *Andromaque* ; Voltaire, *Zaïre*.

4. La comédie

À l'opposé de la tragédie, la comédie recherche d'abord le rire du spectateur. Elle doit «corriger les hommes en les divertissant».

Personnages	De condition sociale modeste, ce sont des bourgeois, des valets ou des paysans.
Époque	Elle est celle dans laquelle vit l'auteur, qui peut ainsi en critiquer les défauts.
Lieu	Il s'agit souvent d'un intérieur bourgeois (salon), familier du spectateur.
Dénouement	La fin de la comédie est heureuse (mariage, retrouvailles, réconciliation). Elle intervient parfois grâce à une intervention extérieure.
Effet sur le spectateur	La comédie provoque le sourire, le rire, mais aussi la réflexion, à travers sa dimension critique ou satirique.
Exemples	Molière, *Tartuffe* ; Marivaux, *L'Île des esclaves* ; Beaumarchais, *Le Mariage de Figaro*.

5. Le drame

Le drame montre l'homme écartelé entre le bien et le mal, luttant au sein d'une société marquée par les conflits, les malheurs et le désordre. Il délaisse les trois unités et multiplie les intrigues, les lieux et les rebondissements de l'action. Il mélange les genres (le tragique et le comique) et les tons (le sublime et le grotesque) pour émouvoir le spectateur.

REPÈRES LITTÉRAIRES ET CULTURELS

La poésie et les règles de la versification

La poésie se distingue de la prose par les règles de la versification. Celles-ci fixent la mesure du vers et de la strophe, le jeu sur les sonorités et les variations de rythme à l'intérieur du poème. Par sa musicalité, le texte poétique s'inscrit ainsi dans la mémoire du lecteur.

1. Le vers

Le vers (du latin *versus*, qui signifie «sillon») est l'unité de base du poème. Court ou long, il lui donne son rythme et sa musicalité.

→ La mesure du vers

• **Les types de vers.** La désignation des vers correspond au nombre des syllabes : pentamètre (cinq syllabes), hexamètre (six), octosyllabe (huit), décasyllabes (dix), alexandrin (douze).

• **Le compte des syllabes.** Le e est muet lorsqu'il est suivi d'une voyelle ou lorsqu'il est placé à la fin d'un vers : «Heureux qui, comme Ulysse, a fait un beau voyage» (Du Bellay). La diérèse prononce en deux syllabes deux sons habituellement groupés : «au/da/ci/eux». La synérèse prononce en une seule syllabe deux sons habituellement séparés : «Lion».

→ Le rythme du vers

• **Les effets d'harmonie.** La fin du vers coïncide avec la fin d'un groupe syntaxique, ce qui lui donne un rythme régulier. Cette régularité est renforcée par une pause au milieu du vers, appelée césure :
«Par les soirs bleus d'été,//j'irai par les sentiers» (Rimbaud)

• **Les effets de rupture.** Lorsqu'un groupe syntaxique ne s'achève pas à la fin d'un vers mais se poursuit au vers suivant, on parle d'un enjambement qui crée aussi un effet de rupture dans la régularité du vers :
«L'empereur se tourna vers Dieu ; l'homme de gloire
Trembla ; Napoléon comprit qu'il expiait» (Hugo)

2. La rime

La rime est le retour d'un même son à la fin de deux vers. Elle assure la mélodie du poème.

→ **La disposition des rimes.** Elle est déterminée par le type de combinaison qui ordonne la succession des vers :

Disposition	Schéma	Exemple
Rimes plates ou suivies	AA / BB / CC, etc.	sève / rêve / voix / bois
Rimes croisées	AB / AB / CD / CD, etc.	moqueurs / rose / cœurs / morose
Rimes embrassées	ABBA / CDDC, etc.	luit / livres / givre / fuit

→ **Le genre de la rime.** La versification classique impose l'alternance de la rime féminine (terminée par un e muet) et masculine (toutes les autres rimes).

→ **La qualité de la rime.** La rime est pauvre lorsqu'elle comprend un son commun : «remplit / infini». Elle est suffisante avec deux sons communs : «remplit / lit». Elle est riche avec trois sons communs ou plus : «remplit / assouplit».

3. La strophe

La strophe possède une unité syntaxique : la fin de la strophe coïncide avec la fin d'une phrase. Elle possède aussi une unité thématique.

Type de strophe	Nombre de vers	Schéma des rimes
Distique	2	AA//BB//CC
Tercet	3	ABA//BCB
Quatrain	4	ABAB//CDCD
Quintil	5	AABBA//CCDDC

4. Les principales formes poétiques

→ **Les formes fixes.** Certaines formes poétiques sont codifiées par des contraintes strictes de construction, fixées dès le Moyen Âge ou la Renaissance.

Forme poétique	Définition
La ballade	Elle est composée de trois strophes suivies d'un envoi, c'est-à-dire d'une adresse au dédicataire. Le dernier vers de chaque strophe constitue le refrain.
Le rondeau	Il est composé de trois strophes : un quintil, un quatrain, puis un sizain. Le refrain est présenté au premier puis repris à la fin des deux strophes suivantes.
Le sonnet	Écrit en décasyllabes ou en alexandrins, il se compose de deux quatrains suivis de deux tercets. Le dernier vers crée un effet de surprise. Le schéma classique des rimes est le suivant : ABBA / ABBA / CCD / EED ou CCD / EDE.

→ **Les formes régulières.** Elles se définissent par le sujet du poème.

L'épopée est un long poème narratif qui raconte les exploits de héros courageux, dont elle fait des personnages mythiques.

L'ode est un poème lyrique divisé en strophes de même longueur, qui se consacre à des sujets solennels, mais aussi à l'expression des sentiments amoureux.

La fable est un poème narratif court qui met en scène des animaux ou des hommes. Elle délivre une morale qui apporte un enseignement au lecteur.

→ **Le poème en prose.** Il apparaît au milieu du XIXe siècle. Il se présente comme un court récit sans vers ni rime, dont la force poétique repose sur la puissance des images, le jeu sur les mots et leurs sonorités.

→ **Le poème en vers libre.** Au XXe siècle, de nombreux poètes abandonnent les règles de la versification, comme la mesure du vers, la régularité de la strophe et le retour de la rime. Le vers libre fait se succéder des vers de longueurs totalement différentes. Il substitue aux strophes régulières des groupements inégaux de vers.

REPÈRES LITTÉRAIRES ET CULTURELS

Le discours argumentatif et les règles de l'éloquence

Aristote fixe les règles de la rhétorique, c'est-à-dire de l'art oratoire, au ve siècle avant J.-C. La démocratie repose alors sur le débat d'idées entre les citoyens réunis en assemblée sur la place publique. Il s'agit d'un exercice essentiellement oral, dont on retrouve les règles de fonctionnement dans toutes les formes d'argumentation actuelles.

1. Les genres de l'éloquence oratoire

Aristote définit trois grands genres oratoires, qui évoluent jusqu'aux formes d'argumentation utilisées aujourd'hui :

Genre oratoire	Objectifs du locuteur	Fonction de l'auditoire	Valeurs défendues	Genres actuels
Judiciaire	(s') Accuser (se) Défendre	Juger	Morales : le juste, l'injuste, le bien, le mal	Le réquisitoire et le plaidoyer
Épidictique	Louer Blâmer	Évaluer	Esthétiques : le beau, le laid	L'éloge, le blâme, la critique, la publicité
Délibératif	Conseiller Déconseiller	Décider	Sociales : l'utile, le nuisible, le bon, le mauvais	L'essai, le discours politique, le tract

2. Les règles de l'élaboration du discours

La rhétorique distingue cinq grandes parties qui permettent à l'orateur de faire partager son point de vue auprès de son auditoire.

Règle du discours	Définition	Objectif de l'orateur
Inventio	Capacité à trouver des arguments.	L'orateur doit appuyer l'idée qu'il défend au moyen d'arguments pertinents.
Dispositio	Capacité à organiser les parties du discours.	L'orateur doit construire son discours en fonction d'un plan cohérent.
Elocutio	Capacité à mettre en valeur le discours.	L'orateur valorise son propos au moyen de procédés stylistiques.
Memoria	Capacité à mémoriser le discours.	L'orateur doit connaître son discours par cœur pour mieux le maîtriser et impressionner l'auditoire.
Actio	Capacité à incarner son discours.	L'orateur met au service de son discours sa voix, sa diction, sa gestuelle et ses mouvements.

3. Les genres argumentatifs : l'argumentation directe

Les genres oratoires hérités de l'Antiquité déterminent les formes actuelles du discours argumentatif :

→ **L'éloge et le blâme.** L'éloge est un discours qu'on prononce pour célébrer quelqu'un. Le blâme, au contraire, présente une opinion défavorable, une critique virulente, une condamnation. Ces deux types d'argumentation sont intimement liés à l'art du portrait.

> Bossuet, *Les Oraisons funèbres* ; La Bruyère, *Les Caractères*.

→ **Le réquisitoire et le plaidoyer.** Ces deux types d'argumentation appartiennent au genre judiciaire. Le réquisitoire vise à accuser quelqu'un d'un délit ; le plaidoyer est l'exposition de la défense d'une personne accusée.

> La littérature a souvent utilisé ces deux situations d'argumentation, comme dans *Le Rouge et le Noir* de Stendhal (1830) ou *L'Étranger* de Camus (1942).

→ **La satire et le pamphlet.** La satire désigne un discours en vers qui se moque de quelqu'un ou de quelque chose : Boileau s'illustre dans ce genre au XVIIe siècle. Le pamphlet est un écrit satirique qui attaque une institution ou une personnalité.

> Ainsi, dans *Napoléon le petit* (1853), Victor Hugo ridiculise Napoléon III.

→ **L'essai.** Il permet à l'écrivain de traiter d'un sujet, d'un auteur, d'un problème de société. Il veut exprimer un point de vue personnel, renouveler la façon d'aborder une question de littérature, d'art ou d'histoire.

> C'est dans cet esprit que Voltaire écrit son *Essai sur les mœurs*, en 1756, ou Chateaubriand son *Essai sur les révolutions* (1793-1797).

4. Deux formes d'argumentation indirecte : la fable et le conte philosophique

L'argumentation est indirecte lorsqu'elle met à profit un récit pour défendre une certaine vision du monde, de la société et des hommes.

→ La fable

La fable est une argumentation indirecte qui, à travers le plaisir du récit, permet de délivrer un enseignement au lecteur.

Définition	La fable est une forme d'apologue. Généralement écrite en vers, elle met le plus souvent en scène des animaux derrière lesquels elle vise la société humaine. Elle dénonce les inégalités sociales, les défauts et les vices des individus, pour donner une leçon de sagesse et de tolérance.
Construction	La fable se présente comme un récit court et plaisant, qui repose sur une structure simple et met en jeu deux ou trois personnages (animaux, hommes, éléments naturels, dieux...) aux caractères immédiatement identifiables. À travers les situations et les dialogues développés par le récit, le fabuliste dégage une morale qui a pour but d'instruire le lecteur.
Exemples	Ésope, *Fables* (VIe siècle av. J.-C.) La Fontaine, *Fables* (1668-1693) Florian, *Fables* (1792)

→ Le conte philosophique

Sous l'apparence d'un récit, le conte philosophique expose indirectement un point de vue sur le monde, la morale et la religion, le pouvoir politique et la liberté.

Définition	Le conte philosophique raconte la formation d'un personnage confronté à la découverte du monde. Son histoire est l'occasion de mener une réflexion sur un problème : l'éducation, la guerre, les rapports humains, l'existence de Dieu, la justice... L'écrivain invite ainsi le lecteur à combattre les préjugés et à défendre des valeurs nouvelles.
Construction	Le conte philosophique met en scène un héros naïf, entraîné malgré lui dans une suite de péripéties : voyages, rencontres, catastrophes naturelles, conflits... À chaque fois, il mesure la violence d'un monde gouverné par des règles absurdes.
Exemples	Voltaire, *Micromégas* (1752), *Candide* (1759) Anatole France, *Thaïs* (1890) Saint-Exupéry, *Le petit Prince* (1943)

Langue

Langue REPÈRES

chapitre 19

L'histoire du français

Parlée par des millions de personnes, la langue est en perpétuelle évolution. Quelles sont ses origines ? Comment s'est-elle transformée au fil des siècles ? Comment s'est-elle unifiée à partir de ses nombreux dialectes ? Évolue-t-elle encore aujourd'hui ?

1. Les origines du français (Empire romain)

→ **Le latin tardif.** La langue française vient pour l'essentiel du latin tardif importé en Gaule par les soldats de l'Empire romain. Le celte que parlaient les Gaulois ne s'est conservé que dans des noms de lieux et dans quelques mots du lexique terrien : *talus*, *bouleau*, *chêne*, *chemin*, *cervoise*, *ruche*, *braie* (qui a donné *braguette*).

→ **La langue romane.** La *lingua romana* forme le fonds essentiel du français. Notre langue fait ainsi partie de la famille des langues romanes (avec l'italien, l'espagnol, le catalan, le portugais, le roumain).

2. L'ancien français (Xe-XIVe siècles)

Le français est une langue orale qui s'est formée en modifiant peu à peu la prononciation du latin. Les gens voyageant peu, de nombreux dialectes locaux sont apparus. On distingue deux grands groupes : la langue d'oïl au nord de la Loire, la langue d'oc au sud (« oïl » et « oc » désignant les deux manières de dire « oui ») mêlent le latin populaire des Gaules, le francique (la langue des Francs) et le celte.

3. Le moyen français (XVe-XVIe siècles)

→ **La volonté de glorifier le français.** Les progrès de l'imprimerie assurent la domination du dialecte d'Île-de-France, le « francien ». Une ordonnance de François Ier impose le « langaige maternel françois » comme langue administrative et juridique obligatoire (1539). Humanistes et poètes, derrière Du Bellay, se battent pour la promotion du français comme langue littéraire.

→ **L'enrichissement du lexique.** Ce combat des écrivains se traduit par un enrichissement massif du vocabulaire : le moyen français fournit plus de la moitié de notre dictionnaire actuel, constitué de mots populaires et savants : cheval/équestre ; travail / labeur ; eau / aquatique...

4. Le français moderne (XVIIe-XXe siècles)

→ **La codification culturelle de la langue.** Le français moderne s'est stabilisé à partir du XVIIe siècle. La normalisation de l'orthographe, le développement du « bon usage », les découvertes scientifiques et techniques, l'extension de l'enseignement sont autant de facteurs qui fixent la langue.

→ **La normalisation de la langue.** Après la Révolution, le français devient « langue nationale ». On cherche à éliminer les langues régionales (breton, basque, alsacien, flamand...) ; les normes se renforcent à la fin du XIXe siècle avec le développement de l'école pour tous.

Exercice 1

Lisez le texte suivant et sa traduction. Quels points communs, quelles différences constatez-vous entre les deux textes ?

Texte du XIIe siècle

Ce fu un pou devant Noël
Que l'en mettoit bacons en sel
Li ciex fu clers et estelez
Et li viviers fu si gelez
Ou Ysengrin devoit peschier,
Qu'en poïst par desus treschier...

Traduction en français actuel

C'était un peu avant Noël à l'époque où l'on sale les jambons. Le ciel était clair et étoilé. L'étang où Ysengrin devait pêcher était si gelé qu'on aurait pu y danser.

Roman de Renart.

Exercice 2

1. Quelles transformations constatez-vous entre le texte et sa traduction ?

2. Quelle règle le passage de « vestu » à « vêtu » induit-il ? Trouvez d'autres termes ayant connu la même transformation.

Texte du XVe siècle

Le temps a laissié son manteau
De vent, de froidure et de pluye,
Et s'est vestu de broderye,
De soleil luyant, cler et beau.

Traduction en français actuel

Le temps a laissé son manteau
De vent, de froidure et de pluie,
Et s'est vêtu de broderie,
De soleil luisant, clair et beau.

CHARLES D'ORLÉANS.

Exercice 3

Transposez ce texte en français contemporain.

Quand Pantagruel fut né, qui fut bien esbahy et perplex ? Ce fut Gargantua, son père. Car, voyant d'un cousté sa femme Badebec morte, et de l'aultre son fils Pantagruel né, tant beau et tant grand, ne sçavoit que dire ny que faire, et le doubte que troubloit son entendement estoit assavoir s'il devoit plorer pour le dueil de sa femme ou rire pour la joye de son fils.

FRANÇOIS RABELAIS, *Pantagruel*, chap. 3, 1532.

Exercice 4

Relevez les marques du parler paysan (syntaxe, lexique, accent). Quel est l'effet recherché par Maupassant ?

« Vous n'en savez long su l'mariage, vu qu'vous les faites, vous qu'êtes maire.
– Comment sur le mariage ?
– Oui, rapport au drait.
– Comment, rapport au droit ?
– Rapport au drait d'l'homme et pi au drait d'la femme.
– Mais, oui.
– Eh ben, dites-mé, maît' Cacheux, ma femme a-t-i l'drait de coucher oui avé Polyte ? Oui, c'est-i son drait, vu la loi, et pi vu qu'alle est ma femme, de coucher avec Polyte ?
– Mais non, mais non, c'est pas son droit.
– Si je l'y r'prends, j'ai-t-i l'drait de li fout' des coups, mé, à elle et pi à li itou ?
– Mais... mais... mais... »

GUY DE MAUPASSANT, « Le lapin », *Contes et nouvelles*, 1887.

REPÈRES

La formation et le sens des mots

Le mot est l'élément de base de la langue. On utilise environ 3 000 mots dans l'usage courant, mais le français en comprend, avec ses lexiques spécialisés, une centaine de mille. Le mot est complexe par son histoire, sa composition et la variété de ses significations.

1. L'histoire des mots : l'étymologie

→ **Le fonds primitif du français.** Après l'invasion de la Gaule, au Ier siècle avant J.-C., les habitants abandonnent le celte au profit du latin des soldats et des marchands. Plus de 80 % des mots français sont d'origine latine.

→ **Les emprunts à d'autres langues.** Au fil des voyages et des échanges, le vocabulaire a beaucoup emprunté aux langues étrangères : l'arabe, l'espagnol, l'italien, l'anglais. Des mots savants sont créés à partir du latin et du grec.

Anglo-saxon	Vocabulaire maritime : *nord, sud, est, ouest, bateau, étrave, quille, flotte*…, mais aussi de beaucoup d'autres domaines : *match, sandwich, toast, zoom*…
Arabe	Vocabulaire savant : *alambic, alchimie, algèbre, alcool, chiffre, zéro*…, mais aussi de culture pratique : *bazar, café, sirop, jupe, matelas, coton, goudron, magasin, orange, sucre*…
Italien	Vocabulaire artistique : *solfège, concerto, opéra, scenario, impresario*…, mais aussi d'autres domaines : *boussole, carnaval*…

2. La formation des mots

→ **La dérivation.** À partir d'un mot-radical, les préfixes et les suffixes permettent de fabriquer des mots de sens nouveaux (forme > *formation* > *information*). Le suffixe permet aussi de créer des mots appartenant à diverses classes grammaticales (forme → *former, formel*).

→ **La composition.** Elle consiste à former des mots nouveaux en associant des mots existants, soit avec trait d'union (*plate-forme*), soit sans trait d'union (*pomme de terre*), soit en les fusionnant en un seul élément (*portefeuille, vinaigre*).

3. Les relations de sens entre les mots

→ **La synonymie.** Les mots sont synonymes lorsqu'ils ont un sens identique ou, plus exactement, un sens voisin. Les synonymes parfaits sont rares : *voir, regarder, observer, contempler, admirer* sont quasi-synonymes mais il y a une gradation de sens entre « voir » et « admirer ».

→ **L'antonymie.** Les antonymes sont des mots de même nature mais de sens opposé : sympathie / antipathie ; amour / haine ; optimisme / pessimisme ; beauté / laideur.

→ **L'homonymie.** Les homonymes sont des mots de forme ou de sonorité identiques mais de sens différent : culture (*connaissances*) / culture (*agriculture*). Les paronymes sont des mots presque homonymes : conjecture / conjoncture.

Exercice 1

Expliquez le lien entre l'origine étymologique et le sens actuel des mots suivants.

- *Salaire* vient du latin *salarium*, dérivé de *sal* (sel). Il signifiait à l'origine « ration de sel ».
- *Savoir* vient du latin *sapere* « avoir du goût », qui a aussi donné *saveur*.

Exercice 2

Le français compte environ 300 mots d'origine arabe, 300 mots d'origine espagnole et 1 000 mots d'origine italienne. Identifiez, dans la liste suivante, l'origine des mots.

Brasero – Balcon – Matelas – Chiffre – Confetti – Gazelle – Guérilla – Sirop – Maïs – Zouave – Fiasco – Zénith.

Exercice 3

À partir des mots grecs de la liste ci-dessous, trouvez les mots français qui en sont issus.

Phobos : crainte
Zoon : animal
Psychè : esprit
Thérapeuein : soigner
Phônè : son, voix
Télé : à distance, au loin
Graphein : écrire

Exercice 4

Dans la liste des synonymes suivants, à partir de quel mot passe-t-on d'un sens positif à un sens négatif ? Justifiez votre réponse.

- Volonté, persévérance, opiniâtreté, obstination, entêtement, acharnement.
- Courageux, vaillant, audacieux, hardi, téméraire.
- Finesse, adresse, habileté, ruse, rouerie.
- Combatif, pugnace, agressif, belliqueux, hargneux.
- Précis, consciencieux, scrupuleux, méticuleux, pointilleux, vétilleux, tatillon.

Exercice 5

1. Trouvez trois synonymes pour chacun des mots suivants.

2. Écrivez une phrase en employant ces synonymes. Quelle nuance apporte chaque terme ?

Entendre – Courage – Surpris – Penser – Début – Triste.

Exercice 6

Identifiez les antonymes et expliquez les effets stylistiques qu'ils produisent.

– « L'homme est naturellement crédule, incrédule, timide, téméraire. » (Pascal)
– « J'ai toujours détesté la foule. J'aime les déserts, les prisons, les couvents. » (Giono)
– « Ô clairvoyant aveugle, ô amour, flamme et glace. » (Jodelle)

Exercice 7

Dans chacune des listes suivantes, identifiez à quel même domaine de sens appartiennent les mots.

- Bras, membre, jambe, patte.
- Beauté, justice, bonté, valeur, vérité.
- Haine, jalousie, amour, sentiment, tristesse, espoir, amitié, antipathie.
- Roman, nouvelle, récit, épopée, conte.
- Ode, rondeau, poème, sonnet.

Langue

chapitre 21

REPÈRES
Les réseaux lexicaux

Les mots d'un texte tissent entre eux des liens qui assurent l'homogénéité du sens : soit qu'ils appartiennent à un même champ lexical, soit qu'ils construisent un champ sémantique. L'analyse de ces relations permet de mieux comprendre et d'interpréter les textes.

1. Le lexique et le texte

→ **Le mot et le contexte.** Un mot n'est jamais seul : sa signification dépend du contexte de son emploi. Celui-ci peut être une phrase ou un texte.

→ **Les types de liens.** Dans un texte, les liens entre les mots s'établissent au moyen de la référence à un même univers, à une même thématique. Ils peuvent aussi s'établir par la coexistence de mots qui s'éclairent mutuellement.

2. Le champ lexical

→ **Définition.** On appelle champ lexical un ensemble des mots qui appartiennent à un même univers. Par exemple *train*, *locomotive*, *wagon*, *rail*, *butoir*, *voie ferrée*… relèvent du champ lexical du chemin de fer ; comme *ordinateur*, *logiciel*, *écran*, *clavier*, *souris*, *icône*… relèvent de celui de l'informatique.

→ **Explication.** Le champ lexical nomme ainsi les différentes parties qui composent un domaine de référence.

3. L'interprétation des réseaux lexicaux

Différents champs lexicaux peuvent s'associer dans un texte, où ils tissent des grands réseaux lexicaux. L'art de l'écrivain consiste à les faire coexister pour proposer au lecteur une clé qui donne accès à sa vision de l'univers.

Les éléments naturels	Les éléments naturels – eau, terre, air, feu – alimentent les grandes rêveries autour de la matière et de l'univers : les eaux, par exemple, peuvent être *baptismales*, *thérapeutiques* ou *tumultueuses* et être alors synonymes de vie : elles peuvent être *stagnantes*, *calmes* ou *sépulcrales* et signifier la mort…
Les cinq sens	La perception est au cœur de la représentation du monde. Les champs sémantiques développés par les cinq sens – toucher, vue, ouïe, odorat, goût – entraînent le lecteur à percevoir le monde à la manière du poète, du narrateur ou du personnage.
L'espace	Depuis le jardin du *Roman de la rose* jusqu'à l'expansion infinie de la description dans le Nouveau Roman, l'espace est un « lieu commun » que la littérature reproduit et explore pour lui donner sens : statisme ou mobilité, verticalité ou horizontalité, étendue ou profondeur…
L'appréciation	Les connotations positives ou négatives des noms, adjectifs ou adverbes sont, avec les verbes appréciatifs, la trace de jugements mêlés d'émotions. Ceux-ci, rapportés à l'auteur, au narrateur ou à un personnage, forment de grands champs sémantiques dans les textes.

Exercice 1

1. Dans ce poème intitulé « Inventaire », les mots entretiennent-ils un lien entre eux ? Pourquoi ?

2. À partir de son titre, expliquez sur quel principe repose ce poème.

[...]
un petit garçon qui entre à l'école en
[pleurant
un petit garçon qui sort de l'école en
[riant
une fourmi
deux pierres à briquet
dix-sept éléphants un juge d'instruction
[en vacances
assis sur un pliant
un paysage avec beaucoup d'herbe
[verte dedans
une vache
un taureau
deux belles amours trois grandes orgues
[un veau
marengo [...]

Jacques Prévert, *Paroles*, extrait d'« Inventaire », Gallimard, 1946.

Exercice 2

1. Relevez l'ensemble des couples de mots opposés dans cette strophe.

2. Selon vous, quel est le sentiment ainsi exprimé par la poétesse, qui peut seul donner du sens à son discours ?

Je vis, je meurs : je me brûle et me noie.
J'ai chaud extrême en endurant froidure,
La vie m'est et trop molle et trop dure ;
J'ai grands ennuis entremêlés de joie.

Louise Labé, *Sonnets* (VIII), 1555.

Exercice 3

1. Indiquez à quel champ lexical correspond chacune des listes suivantes.

2. Complétez chaque liste par trois nouveaux mots.

Liste A : odeur, effluve, arôme, fermenter, bouquet, sentir, nez, parfum.
Liste B : mâture, vergue, étrave, mousse, coque, voile.

Exercice 4

Laquelle de ces séries ne constitue pas un champ lexical ?

- Agréable, charmant, aimable, gentil.
- Corolle, fleur, fané, horticulture, cueillir.
- Penaud, noiraud, finaud, pataud.

Exercice 5

1. Identifiez les termes qui relèvent du champ lexical du chemin de fer.

2. À quel autre champ lexical sont-ils associés ? Quelle vision cette association donne-t-elle du chemin de fer ?

Sous la marquise des grandes lignes, l'arrivée d'un train de Mantes avait animé les quais ; et il suivit des yeux la machine de manœuvre, une petite machine-tender, aux trois roues basses et couplées, qui commençait le débranchement du train, alerte, besogneuse, emmenant, refoulant les wagons sur les voies de remisage. Une autre machine, puissante celle-là, une machine d'express, aux deux grandes roues dévorantes, stationnait seule, lâchait par sa cheminée une grosse fumée noire, montant droit, très lente dans l'air calme.

Émile Zola, *La Bête humaine*, 1880.

REPÈRES

La phrase

Délimitée à l'écrit par une majuscule et par un signe de ponctuation, la phrase constitue l'unité de base de tout texte. Plus ou moins longues selon leur degré de complexité, les phrases et les agencements de phrases donnent au texte son sens et son rythme.

1. La phrase, avec verbe ou sans verbe

→ **Le verbe, noyau de la phrase.** Le noyau de la phrase est le verbe : on distingue les verbes d'action (sur la base de « faire ») et les verbes d'état (sur la base d'« être »). Toute la phrase s'organise autour de lui, notamment le sujet et les compléments.

→ **La phrase sans verbe.** La phrase peut occulter le verbe conjugué : elle prend alors appui sur un nom (phrase nominale : « Après la pluie, le beau temps »), un adjectif (« Pas si bête ! »), un adverbe (« Trop tard... »), un pronom (« Qui ? »), une interjection (« Hein ? »). La phrase sans verbe permet des raccourcis, pour l'émotion ou pour la densité, l'accélération ou l'ellipse. Elle est caractéristique d'un style oral.

2. La phrase simple et la phrase complexe

→ **La phrase verbale simple.** Elle ne comprend qu'une seule proposition : un groupe sujet + un groupe verbal + d'éventuels groupes circonstanciels.

> « Tout à coup, la secousse d'arrêt me réveilla. J'ouvris les yeux. » (V. Hugo)

→ **La phrase complexe.** Elle comprend plusieurs propositions. Ces propositions (indépendantes, principale et subordonnées) s'agrègent de différentes manières : par coordination, juxtaposition ou subordination. À partir de deux phrases simples, on peut bâtir différentes formes de phrases complexes.

- **Propositions juxtaposées.** Les propositions, indépendantes, sont posées les unes à côté des autres, sans terme de liaison.

> « Tout à coup, la secousse d'arrêt me réveilla, j'ouvris les yeux. »

- **Propositions coordonnées.** Les propositions, indépendantes, sont reliées par un terme de liaison (conjonction de coordination, qui additionne, oppose, explique).

> « Tout à coup, la secousse d'arrêt me réveilla et j'ouvris les yeux. »

- **Propositions subordonnées.** Les subordonnées, par le moyen d'une conjonction de subordination, indiquent entre les deux propositions une relation de temps, de but, de cause, de conséquence, de condition, de concession ou de comparaison.

> « Tout à coup, la secousse d'arrêt me réveilla, tant et si bien que j'ouvris les yeux. »

- **Remarque.** La subordonnée peut aussi porter sur un seul élément de la proposition principale : c'est le cas des relatives (qui développent un nom) et des complétives (qui développent un verbe) : « Sous la secousse d'arrêt qui me réveilla, j'ouvris les yeux. »

3. La période

La période est une phrase complexe particulièrement développée, où s'agencent de multiples propositions parallèles ou enchâssées et dont l'ensemble respecte un équilibre d'enchaînement, de rythme et de contenu. La période caractérise le plus souvent les discours argumentatifs et oratoires.

Exercice 1

Repérez dans l'extrait suivant les phrases nominales et les phrases verbales.

Arrêt brusque. Sur la pierre la plus chaude. Affût? Ou bien repos automatique? Il se prolonge. Profitons-en; changeons de point de vue.

FRANCIS PONGE, « Le lézard », *Le Grand Recueil*, Gallimard, 1961.

Exercice 2

1. Classez ces phrases sans verbe selon qu'elles prennent appui sur un nom, un adjectif, un adverbe, une interjection.
2. Transformez chaque citation en phrase verbale, sans en changer le sens.

- « Ô rage, ô désespoir! » (Corneille)
- « Plaine infinie. Plaine infiniment grande. Plaine infiniment triste. » (Péguy)
- « Agréable? – Oui, certainement, madame. » (Maupassant)
- « Ah mortelles douleurs! » (Racine)
- « Et... le sujet de ce roman? » (Gide)
- « Nuit de juin! Dix-sept ans! » (Rimbaud)

Exercice 3

Repérez les différents types de phrases. Comment expliquez-vous cette succession de phrases verbales et non verbales?

Un obus!... Vrang!... qui rentre dans le pont! La maîtresse arche saute, éclate!... Creuse un gouffre dans la chaussée, une béance énorme... un cratère où tout s'engouffre!... Les personnes fondent, tassent les crevasses!... dégringolent sous les vapeurs âcres... dans un ouragan de poussière!...

LOUIS-FERDINAND CÉLINE, *Guignol's band*, Gallimard, 1944.

Exercice 4

Indiquez, pour chacune des phrases complexes, si elle est juxtaposée, coordonnée ou subordonnée.

- « L'après-midi, les grands ventilateurs brassaient toujours l'air épais de la salle, et les petits éventails multicolores des jurés s'agitaient tous dans le même sens. » (Camus)
- « Comme nous quittions le parc, les réverbères se sont allumés soudain le long de l'avenue, entre ciel et terre. » (Chraïbi)
- « Tu seras privé de dessert jusqu'à ce que tu aies changé d'avis. » (Aymé)

Exercice 5

Analysez l'alternance des phrases simples et des phrases complexes. Quels sont les effets qui en résultent?

Et il me tendit gracieusement la main. J'avais refermé la porte et un valet nous guidait dans l'antichambre, ma grand-mère et moi, quand nous entendîmes de grands cris de colère. La femme de chambre avait oublié de percer la boutonnière pour les décorations. Cela allait demander encore dix minutes. Le professeur tempêtait toujours pendant que je regardais sur le palier ma grand-mère qui était perdue. Chaque personne est bien seule. Nous repartîmes vers la maison.

MARCEL PROUST, *Le Côté de Guermantes*, *À la recherche du temps perdu*, Gallimard, 1921.

REPÈRES

Les types de phrases

La phrase prend des formes différentes selon l'attitude du locuteur devant le monde et les autres : elle permet d'affirmer ce qui est et ce qui n'est pas, de questionner ou de s'interroger, de s'exclamer ou d'interpeller.

1. La phrase déclarative

La phrase déclarative présente des faits considérés comme réels, de manière affirmative ou négative, au présent, au passé ou au futur. Le modèle syntaxique de la phrase déclarative est, dans l'ordre : sujet + verbe + complément.

– Présent : « On se fait une grande affaire de chercher les meilleures méthodes d'apprendre à lire. » (Rousseau)
– Passé : « Longtemps, je me suis couché de bonne heure. » (Proust)
– Futur : « Nous aurons des lits pleins d'odeurs légères. » (Baudelaire)

2. La phrase interrogative

La phrase interrogative, positive ou négative, exprime une quête de savoir. Elle appelle une réponse déclarative. Sa structure syntaxique est variée : inversion verbe/sujet, ou mot interrogatif à l'initiale (pronom, conjonction, adverbe).

→ **L'interrogation totale.** La question porte sur l'ensemble de la phrase et appelle une réponse par « oui » ou par « non ». Son intonation est toujours ascendante.

« Faut-il te parler franchement ? Ne riras-tu pas de moi ? » (Musset)

→ **L'interrogation partielle.** La question porte sur une partie de la phrase et appelle une réponse développée. Après une note d'attaque élevée sur le terme interrogatif, son intonation est descendante.

« Qui est-ce ? Qui est cet homme ? Lequel de vous deux est Bonaparte ? » (Vailland)

→ **La question rhétorique.** L'interrogation rhétorique (ou question oratoire) est une fausse question, c'est-à-dire une affirmation déguisée qui sollicite l'assentiment et considère l'adhésion de l'interlocuteur comme acquise.

« À dire le vrai, où trouvera-t-on un poète qui ait possédé à la fois tant de grands talents ? » (Racine, sur Corneille)

3. La phrase exclamative

La phrase exclamative exprime l'état émotionnel du locuteur, indépendamment de la réaction de l'interlocuteur. L'exclamation peut être soudaine et intense (« *Aïe !* »), ou durable et modulée (« *Que j'aime la beauté !* »). Elle accueille les sentiments les plus variés : enthousiasme, admiration, étonnement, regret, colère, désespoir… La phrase exclamative est caractéristique du ton lyrique.

4. La phrase injonctive

La phrase injonctive exprime un « dire de faire » adressé à autrui. Positive, elle peut signifier un ordre, une prière, une requête ; négative, elle signifie une interdiction. Le mode impératif en est la forme la plus radicale, mais elle est souvent modulée par des codes sociaux qui valorisent la politesse (« *Pourriez-vous fermer la fenêtre s'il vous plaît ?* »). Elle peut aussi prendre la forme d'une injonction indirecte (« *Il fait un peu froid ici, vous ne trouvez pas ?* »).

Exercice 1

1. Identifiez la phrase déclarative parmi les titres de journaux suivants.
2. Quels types de phrases caractérisent les autres titres?

- « Le catastrophisme, maladie infantile de l'écologie politique? » (*Libération*)
- « Techno paradons! » (*Les Inrockuptibles*)
- « En Haïti, les autorités tentent d'enrayer le choléra. » (*Le Monde*)

Exercice 2

Transformez la phrase déclarative suivante en phrase interrogative, puis exclamative, puis injonctive. Commentez les effets de sens produits.

« Biodiversité: un accord mondial décisif est adopté. » (*Le Monde*)

Exercice 3

1. Identifiez l'interrogation totale et l'interrogation partielle. Modifiez la première réponse d'Arlequin par d'autres adverbes d'acquiescement.

2. Commentez la réponse donnée à l'interrogation partielle.

LELIO. – Tu n'as donc point de tristesse?
ARLEQUIN. – Si fait.
LELIO. – Dis donc pourquoi?
ARLEQUIN. – Pourquoi? En vérité, je n'en sais rien; c'est peut-être que je suis triste de ce que je ne suis pas gai.

MARIVAUX, *La Surprise de l'amour*, 1723.

Exercice 4

Pour chaque forme exclamative utilisée dans l'extrait suivant, quel est le sentiment exprimé?

Hélas! ai-je pensé, malgré ce grand nom [d'Hommes,
Que j'ai honte de nous, débiles que nous [sommes!
Comment on doit quitter la vie et tous [ses maux,
C'est vous qui le savez, sublimes [animaux!
À voir ce que l'on fut sur terre et ce [qu'on laisse,
Seul le silence est grand; tout le reste [est faiblesse.
– Ah! je t'ai bien compris sauvage [voyageur[1],
Et ton dernier regard m'est allé jusqu'au [cœur!

ALFRED DE VIGNY, « La mort du loup »,
Les Destinées, 1864.

1. Il s'adresse au loup qui vient d'être abattu.

Exercice 5

Identifiez l'émetteur et le destinataire; distinguez ensuite la nuance exprimée dans l'injonction (ordre, prière, appel, conseil, souhait).

- « Gardes, qu'on obéisse aux ordres de ma mère. » (Racine)
- « Appelle un peu cet homme que voilà là-bas, pour lui demander le chemin. » (Molière)
- « Puissent tous les hommes se souvenir qu'ils sont frères! » (Voltaire)
- « Je vous en supplie; ne mentez pas davantage; en voilà assez; je sais tout. » (Musset)

Langue — REPÈRES

L'énonciation

chapitre 24

L'énonciation est l'action qui consiste à produire un message écrit ou oral. L'émetteur transmet un énoncé à un destinataire, dans un lieu et à une époque donnés, dans une certaine disposition d'esprit et avec une intention déterminée.

1. Les indices de la situation d'énonciation

Tout énoncé repose sur une relation entre un émetteur et un destinataire. Un certain nombre d'indices révèlent la présence de l'émetteur dans l'énoncé, le moment où il écrit, sa position par rapport au destinataire.

→ **Les indices personnels.** Ils sont constitués par l'ensemble des marques qui renvoient à l'identité des interlocuteurs et qui renseignent sur les relations qu'ils entretiennent.

Pronoms personnels	Pronoms possessifs	Pronoms démonstratifs	Adjectifs possessifs
je, tu nous vous…	le mien, le tien le nôtre le vôtre…	celui-ci celle-là ceux-ci…	mon, ta votre leur…

→ **Les indicateurs de temps et de lieu.** Un certain nombre de mots fournissent des indications sur les circonstances de l'énonciation. Ces indices sont constitués par les adverbes et les compléments de temps et de lieu (« ici », « demain »). Ils comprennent également les temps des verbes utilisés dans l'énoncé (présent, passé, futur), ainsi que leur mode (indicatif, subjonctif ou impératif).

2. Les indices du sentiment et du jugement

L'émetteur s'implique dans l'énoncé par des termes qui expriment ses émotions, ses opinions, ou son degré de certitude à l'égard de son propre énoncé.

→ **Les marques de l'émotion.** L'expression des sentiments de l'émetteur se repère à travers les termes affectifs, à connotations positives ou négatives. L'émotion de l'émetteur se traduit également par l'intonation, souvent liée à la modalité de la phrase.

> « **Ah !** Si j'avais connu Julien il y a dix ans quand je pouvais encore passer pour **jolie** ! » (Stendhal)

→ **Les marques du jugement.** Le locuteur peut exprimer un jugement de valeur, à travers l'emploi de termes évaluatifs. On distingue les termes péjoratifs, qui dévalorisent ce qu'ils désignent, et les termes mélioratifs, qui le mettent en valeur.

> « La civilisation **mécanique** vient de parvenir à son **dernier** degré de **sauvagerie**. » (Camus)

→ **Les termes modalisateurs.** L'émetteur exprime son adhésion ou sa distance, ses certitudes ou ses doutes à l'égard du contenu de son énoncé. Il emploie pour cela des termes modalisateurs :

> – des verbes comme *douter, sembler, croire, assurer que…* ;
> – des adverbes et des locutions adverbiales comme *peut-être, certainement, sans doute, probablement de toute évidence…* ;
> – le conditionnel (*il aurait travaillé chez son voisin ce jour-là*) ou le subjonctif (*qui l'eût cru capable d'un tel geste ?*).

Exercice 1

Relevez les indices de la situation d'énonciation.

- « Gargantua s'éveillait donc vers quatre heures du matin. » (Rabelais)
- « Le roi avait perdu son premier ministre. » (Voltaire)
- « Cet enfant-là, voyez-vous, est d'un cœur comme on n'en trouve guère. » (Sand)

Exercice 2

1. Relevez, parmi les débuts de romans suivants, les indices de l'énonciation.

2. Quelles indications les premières phrases fournissent-elles sur le point de vue adopté par le narrateur ?

- « Gervaise avait attendu Lantier jusqu'à deux heures du matin. » (Zola)
- « Nous étions à l'étude, quand le proviseur entra, suivi d'un nouveau habillé en bourgeois et d'un garçon de classe qui portait un grand pupitre. » (Flaubert)

Exercice 3

Ces extraits de copies d'élèves utilisent les marques de la première personne. Transformez-les en effaçant ces marques.

A. *Je trouve ce livre décevant. À la fin on ne sait pas si le personnage principal meurt. Je ne trouve pas normal qu'un auteur ne termine pas clairement l'histoire qu'il raconte. On dirait qu'il se moque de ses lecteurs.*

B. *J'aime beaucoup ce poème. L'auteur sait bien exprimer les sentiments contradictoires qu'on éprouve quand on aime.*

Exercice 4

Identifiez dans les extraits suivants les marques de l'émotion et du jugement.

A. Si j'avais le pouvoir de donner une voix à la solitude et à l'angoisse de chacun d'entre nous, c'est avec cette voix que je m'adresserais à vous.

Albert Camus, *Conférence à Alger*, 1956.

B. Andromaque. – Ô mon fils, que tes jours coûtent cher à ta mère !

Jean Racine, *Andromaque*, III, 8, 1667.

C. C'est en regardant le soleil et la belle nature que j'ai tant aimée que je dirai adieu à la vie et à vous tous ma bien chère femme et mes bien chers amis.

Missak Manouchian, *L'Affiche rouge*.

D. Voilà ce qui me reste : ce que j'ai gagné au long de ces années affreuses, cet argent dont vous avez la folie de vouloir que je me dépouille.

François Mauriac, *Le Nœud de vipères*, Éditions Grasset, 1932.

Exercice 5

Identifiez et analysez les modalisateurs. Dégagez-en les relations entre les personnages.

Don Camille *(avec douceur)*. – Mais qui sait si bientôt cette grossière présence corporelle vous sera encore possible ?

Dona Prouhèze. – Si c'est la mort que vous m'annoncez en ces termes élégants, il n'y a pas besoin de périphrase. Je suis prête.

Paul Claudel, *Le Soulier de satin*, 3e journée, scène 10, Gallimard, 1929.

REPÈRES

Les discours rapportés

Le discours rapporté permet de reproduire les paroles de quelqu'un dans un énoncé. Il peut prendre trois grandes formes : le discours direct, le discours indirect, le discours indirect libre. Ces formes se distinguent par plusieurs traits grammaticaux : indication des personnes, types de phrases, subordination, concordance des temps.

1. Le discours direct

→ **Définition.** Le discours direct reproduit les paroles citées de la manière la plus fidèle possible (pronoms, temps des verbes, tonalité). Il donne ainsi un caractère d'authenticité au récit. Il permet de caractériser la personne qui parle à travers ses propos.

> *« On n'a pas de la viande tous les jours.*
> *– Encore si l'on avait du pain !*
> *– C'est vrai, ça, si l'on avait du pain seulement ! »* (Zola, *Germinal*)

Les guillemets signalent la prise de parole d'un personnage. Le niveau de langue et la tonalité exclamative indiquent un langage familier. Lorsque les paroles citées s'enchaînent en un dialogue, le passage d'un interlocuteur à l'autre est signalé par un tiret.

→ **Construction.** Le discours direct est signalé par un verbe introducteur qui précise la nature de la prise de parole. Celui-ci est placé avant les paroles citées (Il s'écria : « Zut ! »), en incise (« J'en ai assez, dit-il, de tout cela ! »), ou après (« Allez au diable ! », s'exclama-t-il.).

2. Le discours indirect

→ **Définition.** Le discours indirect rapporte les propos en les introduisant par un verbe de parole suivi d'une subordonnée : *Il dit que…, il affirma que…, elle ajouta que…, elle demande si…* Les guillemets disparaissent et le narrateur intègre à son propre discours les paroles qu'il cite. Il peut ainsi résumer, reformuler ou commenter le propos cité.

> *Ils se plaignaient de ne pas manger de viande tous les jours ; certains affirmaient même que le pain manquait lui aussi.*

→ **Construction.** Le passage du discours direct au discours indirect implique de respecter la concordance des temps entre le verbe introducteur et celui du discours rapporté : *Il a dit : « Je bois de l'eau. »* = *Il a dit qu'il buvait de l'eau.* Les guillemets ont disparu, le verbe introducteur est suivi d'une subordonnée, et le pronom « je » du discours direct devient « il » dans le discours indirect.

3. Le discours indirect libre

Le discours indirect libre combine le discours direct et le discours indirect. Il garde du discours direct l'authenticité des propos tenus, mais sans les marques formelles des guillemets et de la personne. Il conserve du discours indirect le système énonciatif et la transposition des temps. Il peut se manifester dans le flux du discours du narrateur, sans verbe de parole introducteur.

> *Il fallait donc crever de faim ? bientôt les routes seraient pleines de mendiants. Oui, disait le vieillard, ça finirait par mal tourner.* (Zola, *Germinal*)

Exercice 1

Relevez et classez les marques du discours direct : verbes introducteurs, marques de ponctuation, marques personnelles, marques verbales.

A. Tout à coup le maréchal des logis cria à ses hommes : « Vous ne voyez donc pas l'Empereur, s… ! » Sur-le-champ l'escorte cria : « Vive l'Empereur ! » à tue-tête.

STENDHAL, *La Chartreuse de Parme*, 1839.

B. L'homme arriva tout de même à sortir de sa bouche quelque chose d'articulé : « Le maréchal des logis Barousse vient d'être tué, mon colonel » qu'il dit tout d'un trait.

CÉLINE, *Voyage au bout de la nuit*, Gallimard, 1932.

Exercice 2

1. Dans les citations suivantes, relevez les marques du discours indirect.

2. Précisez si le propos est résumé, reformulé, commenté.

A. [Flaubert] voyait encore en projet un autre grand roman sur l'administration, avec ce titre : « Monsieur le Préfet », et il affirmait que personne n'avait jamais compris quel personnage comique, important et inutile est un préfet.

GUY DE MAUPASSANT, « Pour Gustave Flaubert », *Complexe*, 1986.

B. Impressionné par l'austère morale des quackers, [Condorcet] annonce que le peuple américain, disposé à l'étude, doublera les connaissances de l'Europe et trouvera les moyens de diminuer les maux de l'humanité.

E. ET R. BADINTER, *Condorcet*, Le Livre de Poche, 1988.

Exercice 3

Récrivez ce passage en transposant trois répliques au discours indirect.

Un marin les fit lever pour dérouler les câbles.

« Où vont-ils donc ces bateaux-là ? hasarda Jacques.

– Ca dépend. Lequel ?

– Ce gros-là ?

– À Madagascar.

– Vrai ? On va le voir partir ?

– Non. Celui-là ne part que jeudi. Mais si tu veux voir un départ, faut t'amener ce soir à cinq heures : celui-ci, le *La Fayette*, part pour Tunis. »

ROGER MARTIN DU GARD, *Les Thibault*, Gallimard, 1922-1940.

Exercice 4

Repérez les passages au discours indirect libre. Les frontières entre la parole du narrateur et celle du personnage sont-elles nettes ? Qu'en concluez-vous ?

Elle ne toucha pas à son café. Il aurait voulu qu'elle le bût. Il aurait terriblement voulu qu'elle le bût. Mais il ne le lui aurait dit pour rien au monde. Il n'était plus sûr de l'aimer. Il n'était plus sûr de rien. S'il y avait eu maldonne ? C'était trop atroce à penser. Il l'aimait, voyons, il l'aimait.

LOUIS ARAGON, *Aurélien*, Gallimard, 1944.

Après l'ennui de cette déception, son cœur de nouveau resta vide et la série des mêmes journées recommença.
Elles allaient donc maintenant se suivre à la file, toujours pareilles, innombrables et n'apportant rien !

GUSTAVE FLAUBERT, *Madame Bovary*, 1857.

Langue

REPÈRES

Les niveaux de langue

chapitre 26

La pratique de la langue varie selon les lieux, les milieux et les circonstances. L'usage détermine ainsi des connotations sociales qui s'expriment en niveaux de langue. Ces connotations concernent aussi les accents et les argots, abondamment exploités par la littérature.

1. L'oral et l'écrit

→ **À l'oral.** Les interlocuteurs en présence régulent la conversation sur la base d'implicites partagés. Les langages non verbaux (gestes, mimiques) accompagnent le langage verbal. La syntaxe de la phrase est souple, avec des ruptures de construction et des phrases inachevées. Les répétitions sont nombreuses et le métalangage important (*Tu vois c'que j'veux dire ?*) pour favoriser les ajustements.

→ **À l'écrit.** La distance de l'espace et du temps sépare le locuteur et le lecteur. La réception du message est donc différée et oblige le récepteur à décoder un message clos sur lui-même et obéissant à des normes. L'orthographe et la ponctuation sont de rigueur. L'usage de la grammaire est respecté, les phrases complexes sont fréquentes, les liaisons sont travaillées et les répétitions rares.

2. Les niveaux de langue et la situation d'énonciation

→ **Le niveau soutenu.** Il n'est pas propre à l'usage littéraire de la langue. Le lexique est précis, choisi, voire recherché, créant une connotation d'élégance ou de snobisme ; les figures de style élaborées et les inversions sont nombreuses. La syntaxe exige le strict respect des règles grammaticales : phrases complexes avec subordination, exploitation de tous les temps et modes verbaux (passé simple et subjonctif, concordance des temps).

→ **Le niveau courant.** C'est celui de l'usage standard de la langue, dans des situations de communication ordinaires à l'écrit comme à l'oral. Le lexique est usuel, assez limité, largement partagé. La syntaxe est respectée mais sans recherche. Les temps verbaux, simples et composés, intègrent le subjonctif mais excluent le passé simple. C'est le niveau qu'utilisent par exemple la presse et les médias (journal télévisé).

→ **Le niveau familier.** C'est celui de la pratique orale quotidienne de la langue. Le lexique est familier, intégrant des éléments argotiques. La syntaxe est souvent relâchée, avec des ruptures de construction, des ellipses, des répétitions, la suppression du « ne » dans la négation.

3. Les usages socio-culturels

→ **La géographie du français.** Les dialectes et les patois sont en voie de disparition, mais les accents régionaux persistent. Dans les pays francophones, un français souvent coloré d'apports régionaux donne naissance à une production littéraire considérable.

→ **Les milieux culturel et professionnel.** Les usages populaires de la langue sont aussi très vivants à côté des formes cultivées qui définissent la norme. La créativité linguistique y est toujours intense et fait passer ses expressions dans l'usage courant.

Exercice 1

Identifiez le niveau de langue de chacun de ces mots. Proposez pour chacun, deux équivalents dans deux autres niveaux de langue.

Cossard – Avoir peur – Bosser – Suranné – Être claqué – Automobile – Plumard – Rouspéter – Biclou.

Exercice 2

Relevez les caractéristiques de l'oralité dans l'extrait suivant

Mes copains sont tous en cabane
ou à l'armée ou à l'usine
y se sont rangés des bécanes
y'a plus de jeunesse tiens ça m'déprime
alors pour mettre un peu d'ambiance
dans mon quartier de vieux débris
j'ai regroupé toutes mes connaissances
intellectuelles et c'est depuis

que j'suis une bande de jeunes
à moi tout seul
je suis une bande de jeunes
j'me fends la gueule

RENAUD, *Je suis une bande de jeunes*,
paroles de Renaud Séchan,
musique de François Bernheim.

Exercice 3

Relevez, dans cette lettre d'amour de Sainte Beuve à Adèle Hugo, les marques d'un niveau de langue soutenu.

Adèle, j'ai toujours été médiocrement doué de la faculté de l'espérance, j'ai toujours senti l'absence et l'empêchement en toute chose : mes sentiments ont toujours un peu manqué de soleil dans la maison propice. Mais si mon espérance sait mal sourire, j'ai la foi et l'amour, mon ange : je t'aime, je crois invinciblement en ton amour

Le livre d'or des plus belles lettres d'amour,
Marabout, 1993.

Exercice 4

1. Relevez dans ce texte les marques du niveau familier.

2. Que pouvez-vous en déduire sur l'identité du personnage qui s'exprime ?

J'apprenais rien, c'est un fait. Ça me désespérait l'école, l'instituteur en barbiche, il en finissait jamais de nous brouter ses problèmes. Il me foutait la poisse rien qu'à le regarder. Moi d'abord, d'avoir tâté, avec Popaul, la vadrouille, ça me débectait complètement, de rester ensuite comme ça assis pendant des heures et des payes à écouter des inventions.

CÉLINE, *Mort à Crédit*, Gallimard, 1936.

Exercice 5

1. Dans ce texte du Martiniquais Patrick Chamoiseau, quels sont les termes inconnus d'un métropolitain ? Quel sens peuvent-ils avoir ?

2. Quel effet produit l'utilisation de ces mots ?

Il redoubla de férocité envers les crapauds. On en trouva transpercés et bénis dans un rayon de deux kilomètres autour de chez lui. Sa suspicion s'étendit aux soficognans, aux ravets rouges, aux chouval-bois, aux bêtes-z'oreilles, aux mabouyas traqués dans les coins humides, aux sauterelles, aux punaises, à toutes bestioles échouées dans son cercle vital.

PATRICK CHAMOISEAU, *Chronique des sept misères*,
Gallimard, 1986.

REPÈRES

Les figures de style

Comment émouvoir le lecteur ? Comment le convaincre ? Les figures de style visent à rendre les énoncés plus expressifs et plus persuasifs. Elles contribuent à l'originalité du style dans l'écriture littéraire, mais aussi, à des degrés divers, dans les autres formes de discours.

1. Les figures d'insistance

Les figures d'insistance ont pour effet de souligner le contenu d'un mot ou d'une expression.

→ **Le parallélisme.** Reprise d'une construction syntaxique ou rythmique pour accentuer une similitude, une opposition ou une gradation.

> « J'ai tendresse pour toi, j'ai passion pour elle. » (Corneille)

→ **L'anaphore.** Reprise en tête de phrase ou de vers d'un même mot ou d'une même expression pour créer un effet incantatoire, mélodique ou persuasif.

→ **L'accumulation.** Succession de termes de même nature et de même fonction pour produire un effet de foisonnement ou des variations d'intensité. Lorsque cette intensité est croissante ou décroissante, on parle de gradation.

> « Je me meurs, je suis mort, je suis enterré ! » (Molière)

2. Les figures d'amplification et d'atténuation

Les figures d'amplification ont pour effet d'accentuer ou d'adoucir l'expression d'une idée ou d'un sentiment.

→ **L'hyperbole.** Procédé d'exagération qui met en relief une perception vécue ou un sentiment éprouvé, en les grossissant à l'extrême.

> « Et quand sur la mer il fera noir,
> Tes beaux yeux seront mes deux étoiles. » (Richepin)

→ **La litote.** Procédé d'atténuation qui consiste à en dire moins pour signifier plus. C'est une atténuation qui sert à amplifier.

> « Va, je ne te hais point. » (Corneille)

→ **L'euphémisme.** Procédé d'atténuation qui consiste à utiliser un mot ou une expression plus faible pour signifier une réalité plus dure afin de l'adoucir.

> « Il est temps que je me repose ;
> Je suis terrassé par le sort.
> Ne me parlez pas d'autre chose
> Que des ténèbres où l'on dort ! » (Hugo)

3. Les figures de l'opposition

Les figures de l'opposition rapprochent dans un même énoncé des termes dont le sens est opposé. Elles créent un effet de contraste qui souligne la tension contradictoire entre deux situations, deux personnages, ou deux idées.

→ **Le chiasme.** Parallélisme de deux expressions dont les éléments syntaxiques ou lexicaux sont inversés dans la seconde. Le chiasme crée une vision synthétique fondée sur l'union ou l'opposition.

> « Je suis la plaie et le couteau !
> Je suis le soufflet et la joue ! » (Baudelaire)

→ **L'antithèse.** Rapprochement de deux éléments opposés, disposés de manière symétrique à l'intérieur d'une phrase ou d'un paragraphe, pour signifier un conflit ou un contraste.

> « Paris est tout petit
> C'est là sa vraie grandeur. » (Prévert)

→ **L'oxymore.** Juxtaposition de deux mots contradictoires au sein d'un même groupe grammatical, pour faire surgir une réalité nouvelle et inattendue.

> « Cette **obscure clarté** qui tombe des étoiles. » (Corneille)
> « Le **soleil noir** de la mélancolie. » (Nerval)

4. Les figures de substitution

Outre la comparaison et la métaphore, les figures de substitution sont nombreuses. Elles consistent à remplacer le terme attendu par un autre, moins prévisible. Elles sont souvent banalisées par l'usage, mais peuvent parfois créer des effets inattendus.

→ **La métonymie.** Désignation de quelque chose par un mot qui désigne autre chose. Les deux mots ont entre eux une relation logique (d'appartenance, d'origine, de contiguïté) immédiatement interprétable. La métonymie permet un raccourci d'expression.

> *Boire un verre :* désignation du contenant pour faire entendre le contenu.
> *Tout Paris était dans la rue :* désignation du lieu pour signifier ses habitants.
> *Du bourgogne, un Van Gogh :* désignation de l'objet par son origine ou sa cause.

→ **La synecdoque.** Forme particulière de métonymie qui désigne un être ou un objet par la matière ou par une partie de cet être ou de cet objet. La synecdoque donne une vision fragmentée de la réalité.

> *Nous aperçûmes trente voiles :* désignation du tout – les navires – à partir d'une de ses parties – leurs voiles.
> *Il a trouvé un toit :* même procédé, la partie – le toit – pour le tout – la maison.
> *Faire périr par le fer :* désignation de l'objet – l'épée – par sa matière.

→ **La périphrase.** Désignation d'un objet par une expression qui le caractérise, en précise ou en développe le sens. L'emploi d'une périphrase attire l'attention sur une qualité particulière de l'objet et permet souvent d'éviter une répétition.

> L'auteur de la *Comédie humaine* (pour Balzac)
> La ville Lumière (pour Paris)
> Le royaume du million d'éléphants et du parasol blanc (pour le Laos)

→ **L'antiphrase.** Procédé qui consiste à dire le contraire de ce que l'on veut faire entendre, en ne laissant aucun doute sur l'intention de sens. Dans le cas de l'ironie, figure de l'antiphrase par excellence, il s'agit de faire entendre un jugement négatif en énonçant quelque chose de positif.

> Formes figées d'antiphrases : *Ne vous gênez pas ! C'est du joli ! Ça sent vraiment la rose ici.*
> Forme littéraire d'ironie : « Tout **ce joli monde** se retrouvera là-haut
> Près du bon dieu des flics. » (Jacques Prévert)

EXERCICES

Exercice 1

Relevez les parallélismes et analysez-en les effets.

Les uns criaient « Sainte Barbe ! », les autres « Sainte Nitouche ! », les autres « Notre Dame de Cunault, de Lorette, de Bonne Nouvelle... » Les uns se vouaient à Saint Jacques ; les autres au Saint Suaire de Chambéry... Les uns mouraient sans parler, les autres parlaient sans mourir, les uns mouraient en parlant, les autres parlaient en mourant.

FRANÇOIS RABELAIS, *Gargantua*, 1534.

Exercice 2

Repérez et analysez le double chiasme. En quoi rend-il sensible l'« effet singulier » dont parle le texte ?

Et ce champ me faisait un effet singulier ;
Des cadavres dessous, et dessus des
[fantômes ;
Quelques hameaux flambaient ; au loin
[brûlaient les chaumes.

VICTOR HUGO, « Le Cimetière d'Eylau »,
La Légende des siècles, 1851.

Exercice 3

Relevez les anaphores. Précisez, en les distinguant, les effets produits par l'emploi de cette figure.

Rome, l'unique objet de mon
[ressentiment !
Rome, à qui vient ton bras d'immoler
[mon amant !
Rome qui t'a vu naître, et que ton cœur
[adore !
Rome enfin que je hais parce qu'elle
[t'honore !

PIERRE CORNEILLE, *Horace*, Acte IV, scène 6, 1640.

Il y a des petits ponts épatants
Il y a mon cœur qui bat pour toi
Il y a une femme triste sur la route [...]

GUILLAUME APOLLINAIRE, « Il y a »,
Poèmes à Lou, Gallimard, 1915.

Paris a froid Paris a faim
Paris ne mange plus de marrons dans la rue
Paris a mis de vieux vêtements de vieille
Paris dort tout debout sans air dans le métro

PAUL ELUARD, « Courage », *Au rendez-vous allemand*, Les Éditions de Minuit, 1945.

Exercice 4

Relevez les gradations. Expliquez, pour chacune, l'effet recherché.

- « Va, cours, vole, et nous venge. » (Corneille)
- « Un souffle, une ombre, un rien, tout lui donnait la fièvre. » (La Fontaine)
- « Pierre marchait au milieu de ces gens, plus perdu, plus séparé d'eux, plus isolé, plus noyé, dans sa pensée torturante, que si on l'avait jeté à la mer du pont d'un navire. » (Maupassant)
- « Ah ! Oh ! Je suis blessé, je suis troué, je suis perforé, je suis administré, je suis enterré. » (Jarry)

Exercice 5

Ces phrases recherchent-elles un effet d'amplification ou d'atténuation ? Identifiez la figure de style utilisée.

- Je suis mort de rire.
- Elle est maigre comme un clou.
- Le courage n'est pas son fort.
- Ils ont tout soldé à un prix hallucinant.
- Il est devenu fou de rage.
- Il est mort des suites d'une longue et douloureuse maladie.
- Il n'a pas inventé l'eau tiède.

Exercice 6

1. Dans ce texte, repérez l'hyperbole.
2. Comment est-elle préparée par ce qui précède? Quel est l'effet produit?

Il apportait dans la société une gaucherie sans timidité, une absence de forme convenue, un dédain si parfait de ce qu'on y admire, qu'au bout de quelques minutes, avec trois ou quatre syllabes, il avait trouvé moyen de se faire une meute d'ennemis acharnés.

THÉOPHILE GAUTIER, «Onuphrius», *Contes fantastiques.*

Exercice 7

1. Identifiez les euphémismes.
2. Cherchez d'autres euphémismes pour nommer la même réalité.

• «Allons! Il est bien temps que je désemplisse le monde.» (Victor Hugo)
• «Dormir… enfin! Je vais dormir.» (Alfred de Musset)

Exercice 8

Ces titres ou extraits de chanson sont des oxymores. Que veulent-ils signifier?

• *Fantaisie militaire* (Alain Bashung)
• *Leur soleil nous fait de l'ombre* (*Chanson pour l'Éthiopie*, Renaud)
• *Douce violence* (Johnny Hallyday)
• *La bamba triste* (Pierre Billon)
• *Nous parlons en silence d'une jeunesse vieille* (Jacques Brel)

Exercice 9

Repérez les métonymies.
À quelle catégorie appartiennent-elles (relation d'appartenance, d'origine, de contiguïté)?

• Maupassant est sur l'étagère de gauche.
• On n'entendait que les cuivres!
• C'était très bon, j'ai mangé toute mon assiette.
• La France condamne l'opération militaire perpétrée dans ce pays allié.

Exercice 10

1. Dans ces deux vers, où sont les deux synecdoques?
2. Commentez-les en expliquant la vision que le poète a du paysage.

«Je ne regarderai ni l'or du soir qui [tombe
Ni les voiles au loin descendant vers [Harfleur»
(Victor Hugo)

Exercice 11

Repérez les périphrases.
Quels personnages évoquent-elles ?

«Celui de qui la tête au ciel était [voisine
Et dont les pieds touchaient à l'Empire [des Morts»
(La Fontaine, *Le Chêne et le Roseau*)

«Heureux qui comme Ulysse a fait un [beau voyage
Ou comme cestui-là qui conquit [la toison»
(Du Bellay, *Les Regrets*)

Exercice 12

1. Que signifie en réalité chacune des antiphrases suivantes?
2. Inventez trois nouvelles antiphrases.

• Tes résultats du trimestre sont vraiment exceptionnels !
• Bravo! Continue comme ça! Tu es sur la bonne voie!…
• J'ai eu 5 en maths : génial ! Il va être content, mon père !

Langue

chapitre 28

REPÈRES

La comparaison et la métaphore

Les figures de style ont toutes pour effet de rechercher l'émotion du destinataire. La comparaison, la métaphore et la personnification prennent appui sur l'analogie, qui leur donne une force particulière, en stimulant l'imagination par des rapprochements inattendus.

1. La comparaison

→ **Le comparé et le comparant.** La comparaison associe deux termes – le comparant et le comparé – autour d'un élément commun qui fonde leur ressemblance.

Il est aussi fort que son père. – Non, il est plus fort que lui.

Les termes comparés peuvent aussi appartenir à des domaines différents qui, mis sur le même plan, suscitent alors une image.

Il est fort comme un bœuf.

→ **L'outil de comparaison.** La comparaison s'effectue à l'aide de termes variés :

Verbes	Adverbes et locutions	Adjectifs	Groupes nominaux
Ressembler à, sembler, faire penser à, avoir l'air, on dirait que…	Comme, de même que, plus… que, moins… que, ainsi que, aussi… que	Semblable à…, tel… ou tel que…, pareil à, comparable à…	À la manière de…, à la façon de…

2. La métaphore

→ **La construction de la métaphore.** La métaphore établit une analogie entre deux éléments – un comparant et un comparé – mais sans expression comparative. Elle suggère une identification entre deux termes.

« Bergère ô tour Eiffel le troupeau des ponts bêle ce matin » (Apollinaire)

→ **La métaphore filée.** Elle se constitue d'une suite de métaphores sur le même thème. La première engendre les autres, construites à partir du même comparant et établissant ainsi une isotopie au fil du texte.

3. La personnification et l'allégorie

→ **La personnification.** Elle consiste à prêter des sentiments et des comportements humains à un objet, à un être inanimé ou à un animal.

« La cathédrale explique tout, a tout enfanté et conserve tout. Elle est la mère, la reine, énorme au milieu du petit tas des maisons basses, pareille à une couvée abritée frileusement sous ses ailes de pierre. » (Zola)

→ **L'allégorie.** Elle rend concrète une idée abstraite en lui donnant la forme d'un être vivant qui la représente par son apparence, ses comportements, ses gestes.

« Je vis cette faucheuse. Elle était dans son champ.
Elle allait à grands pas, moissonnant et fauchant,
Noir squelette laissant passer le crépuscule. » (Hugo)

Exercice 1

Identifiez le comparé, l'outil de comparaison et le comparant. Précisez le point commun qui justifie la comparaison.

- « Je suis rouge comme un bœuf écorché. » (Sartre)
- « Les éclairs fusaient de la terre comme des jets d'eau. » (Giono)
- « Le ciel n'est pas plus pur que le fond de mon cœur. » (Racine)
- « Mon verre s'est brisé comme un éclat de rire. » (Apollinaire)

Exercice 2

Les comparaisons ci-dessous, extraites du *Roman de la momie* de Théophile Gautier, caractérisent un personnage. Quelles sont leurs connotations ? Quelle vision donnent-elles, selon vous, du personnage ainsi décrit ?

- Son nez osseux, luisant et recourbé comme le bec d'un gypaète.
- La paupière bistrée s'abaissait et se relevait comme une aile de chauve-souris. (Elle) se glissa comme un reptile dans la cabane.
- On eût pu entrevoir ses prunelles fauves comme celles d'un hibou.
- (Elle) déplia lentement ses membres d'araignée.

Exercice 3

**1. Identifiez le comparé et le comparant dans les métaphores suivantes.
2. Sur quel élément commun repose l'analogie ?**

- « La fosse, plaie au flanc de la terre, est ouverte. » (Hugo)
- « Le gouffre de tes yeux, plein d'horribles pensées. » (Baudelaire)
- « Sous une lumière de fer, les usagers de la voie rapide avaient branché leurs phares dont les faisceaux obscurcissaient encore l'état du jour. Miaulements de véhicules et chuchotis de leurs pneumatiques sur le revêtement dérapant, rafales intermittentes et froid dans le dos. C'était mardi, midi moins dix. » (Échenoz)
- « Une grosse pivoine de sang au milieu de la poitrine. » (Vautrin)

Exercice 4

Les titres d'œuvres suivants contiennent une métaphore. Identifiez-la et expliquez son effet.

Le revolver à cheveux blancs (Breton)
Capitale de la douleur (Éluard)
La nuit remue (Michaux)
Petite cosmogonie portative (Queneau)
Les yeux fertiles (Eluard)

Exercice 5

**1. Relevez les analogies – comparaisons et métaphores – dans le texte.
2. Sur quels éléments communs reposent-elles ?**

L'incendie, qui n'était pas encore entré dans la salle de la bibliothèque, jetait au plafond un reflet rose... Toutes les splendeurs s'en déployaient : l'hydre noire et le dragon écarlate apparaissaient dans la fumée difforme, superbement sombre et vermeille. De longues flammèches s'envolaient au loin et rayaient l'ombre, et l'on eût dit des comètes combattantes courant les unes après les autres.

Victor Hugo, *Quatre vingt-treize*, 1874.

Exercice 6

1. À quel type de personnage l'hiver est-il identifié dans la personnification filée du poème ?

2. Cette personnification est-elle allégorique ? Justifiez en un court paragraphe votre réponse.

Le nez rouge, la face blême,
Sur un pupitre de glaçons,
L'Hiver exécute son thème
Dans le quatuor des saisons.

Il chante d'une voix peu sûre
Des airs vieillots et chevrotants ;
Son pied glacé bat la mesure
Et la semelle en même temps ;

Et comme Haendel[1], dont la perruque
Perdait sa farine en tremblant,
Il fait envoler de sa nuque
La neige qui la poudre à blanc.

THÉOPHILE GAUTIER, « Fantaisies d'hiver »,
Émaux et Camées, 1852.

1. **Haendel** : compositeur allemand du XVIIIe siècle.

Exercice 7

Identifiez et expliquez l'allégorie développée dans l'extrait.

Le Malheur, mon grand laboureur,
Le Malheur, assois-toi,
Repose-toi,
Reposons-nous un peu toi et moi,
Repose,
Tu me trouves, tu m'éprouves, tu me le
[prouves.
Je suis ta ruine [...]

HENRI MICHAUX, « Repos dans le malheur », *Plume*
précédé de *Lointain intérieur*, Gallimard, 1963.

Les épreuves du BAC

MÉTHODE

Lire et observer le corpus de textes

L'examen propose l'étude d'un corpus de textes, auquel peut s'ajouter un document iconographique. Ce corpus peut également être constitué d'une œuvre intégrale ou d'un texte long. Les documents ainsi rassemblés permettent la lecture et l'observation de textes directement liés aux objets d'étude inscrits au programme.

1. Identifier les textes et les images du corpus

Le corpus comporte le plus souvent deux à cinq textes et documents, y compris iconographiques. Il peut ne comporter qu'un seul texte, d'une longueur maximale de trois pages. En s'aidant du paratexte (introduction, références, notes), une première lecture repère les caractéristiques de chaque document.

La nature des documents	Les auteurs	L'intention dominante
– Les textes sont-ils littéraires ou non littéraires ? À quel genre appartiennent-ils ? – Le document iconographique est-il un tableau, un dessin, une photographie, une publicité ?	– Qui sont-ils : écrivain, journaliste ou essayiste ? – À quelles époques ont-ils écrit ? – De quelles connaissances sur leur biographie dispose-t-on ?	– Quelle est l'intention de chaque auteur ? – Les documents veulent-ils exprimer une émotion, argumenter une prise de position ou séduire par leurs qualités esthétiques ?

2. Mettre en évidence l'unité du corpus

Le corpus rassemble des textes liés à l'un des objets d'étude traités en classe de Première. Mais le corpus peut également croiser plusieurs objets d'étude, pour développer un thème ou engager un débat sur une question esthétique. L'observation du corpus met en évidence les liens qui unissent les différents textes ou images (genre, thème, mouvement, contextes).

3. Confronter les documents du corpus

La confrontation des textes et des images du corpus révèle une diversité de caractéristiques. On se pose alors les questions suivantes :

→ Y a-t-il un texte support et des documents qui le mettent en valeur ?
Le corpus peut s'organiser autour d'un texte central, généralement plus long que les autres. Le rôle des autres documents est alors de le mettre en lumière.

→ Quels sont les points communs et les différences entre les documents ?
Le corpus montre des caractéristiques communes et des différences qu'il faut repérer dans les genres ou les thèmes développés.

→ Les documents présentent-ils une unité ou une diversité chronologique ?
Les textes et l'image peuvent appartenir à une même époque autour d'un débat ou d'un mouvement qu'il faut identifier. Mais ils peuvent appartenir à des époques différentes et faire apparaître l'évolution d'un genre ou la reprise d'une tradition.

Sujet (extrait)

OBJET D'ÉTUDE **Le personnage de roman, du XVIIe siècle à nos jours**

Le sujet comprend :
Texte A - Madame de Lafayette, *La Princesse de Clèves*, 1689.
Texte B - Gustave Flaubert, *Madame Bovary*, 1857.
Texte C - Marguerite Duras, *L'Amant*, 1984.

TEXTE A

Il parut alors une beauté à la cour, qui attira les yeux de tout le monde, et l'on doit croire que c'était une beauté parfaite, puisqu'elle donna de l'admiration dans un lieu où l'on était si accoutumé à voir de belles personnes. Elle était de la même maison que le vidame de Chartres, et une des plus grandes héritières de France.

MADAME DE LAFAYETTE, *La Princesse de Clèves*, 1689.

TEXTE B

– Pourquoi, mon Dieu ! me suis-je mariée ?

Elle se demandait s'il n'y aurait pas eu moyen, par d'autres combinaisons du hasard, de rencontrer un autre homme ; et elle cherchait à imaginer quels eussent été ces événements non survenus, cette vie différente, ce mari qu'elle ne connaissait pas.

GUSTAVE FLAUBERT, *Madame Bovary*, 1857.

TEXTE C

Très vite dans ma vie il a été trop tard. À dix-huit ans il était déjà trop tard. Entre dix-huit et vingt-cinq ans mon visage est parti dans une direction imprévue. À dix-huit ans j'ai vieilli. Je ne sais pas si c'est tout le monde, je n'ai jamais demandé.

MARGUERITE DURAS, *L'Amant*, Minuit, 1984.

Remarques de lecture

1. *Trois extraits de romans, du XVIIe au XXe siècle, présentant chacun le portrait d'une héroïne.*

2. *Les auteurs sont de grands romanciers ayant marqué leur siècle (madame de Lafayette avec le roman d'analyse ; Flaubert avec le roman réaliste ; Marguerite Duras pour le roman contemporain).*

3. *Chaque auteur « donne vie » à son personnage en le représentant dans une atmosphère qui souligne ses sentiments.*

4. *La confrontation des textes montre une évolution du portrait au fil des siècles. Mais le personnage reste un « témoin » de son temps et les sentiments comme l'amour ou la désillusion traversent les siècles.*

EXERCICES

Exercice 1

1. Quel est pour chaque liste l'objet d'étude présenté ?

2. Le choix des textes présente-t-il une évolution chronologique, un mouvement littéraire ou un thème commun ?

Liste 1

– Stendhal, *Le Rouge et le Noir* (1830)
– Balzac, *Le Père Goriot* (1835)
– Flaubert, *Madame Bovary* (1856)
– Maupassant, *Une vie* (1883)

Liste 2

– Racine, *Alexandre le Grand* (1665)
– Alfred Jarry, *Ubu roi* (1896)
– Ionesco, *Le roi se meurt* (1962)

Liste 3

– Ronsard, « Quand vous serez bien vieille… », *Sonnets pour Hélène* (1578)
– Corbière, « Sonnet (avec la manière de s'en servir) », *Les Amours jaunes* (1873)
– François Le Lionnais, *L'unique sonnet de treize vers et pourquoi* (1973)

Exercice 2

OBJET D'ÉTUDE **Écriture poétique et quête du sens**

1. Identifiez le genre, l'auteur et l'intention dominante de chaque texte.

2. Quels liens unissent les deux textes ? Quelles différences présentent-ils ?

Texte A

Le ciel est, par-dessus le toit,
Si bleu, si calme !
Un arbre, par-dessus le toit,
Berce sa palme.

La cloche, dans le ciel qu'on voit,
Doucement tinte.
Un oiseau sur l'arbre qu'on voit
Chante sa plainte.

Mon Dieu, mon Dieu, la vie est là,
Simple et tranquille.
Cette paisible rumeur-là
Vient de la ville.

– Qu'as-tu fait, ô toi que voilà[1]
Pleurant sans cesse,
Dis, qu'as-tu fait, toi que voilà,
De ta jeunesse ?

PAUL VERLAINE, *Sagesse*, 1881.

1. Toi que voilà : Verlaine a été condamné en 1873 à deux ans de prison pour avoir tiré sur son ami Arthur Rimbaud.

Texte B

J'écoute les bruits de la ville
Et prisonnier[1] sans horizon
Je ne vois rien qu'un ciel hostile
Et les murs nus de ma prison

Le jour s'en va voici que brûle
Une lampe dans la prison
Nous sommes seuls dans ma cellule
Belle clarté Chère raison

Septembre 1911.

GUILLAUME APOLLINAIRE, « À la Santé », *Alcools*, Gallimard, 1913.

1. Prisonnier : en 1911, après le vol de la Joconde, Apollinaire est incarcéré pendant quelques jours à la prison de la Santé, sous l'inculpation de recel.

Exercice 3

OBJET D'ÉTUDE La question de l'Homme dans les genres de l'argumentation

1. Identifiez le genre argumentatif auquel appartient chacun des textes du corpus. Quelles caractéristiques chaque texte présente-t-il ?

2. Montrez ce qui justifie leur rassemblement.

3. Expliquez ce qui constitue la diversité du corpus proposé.

TEXTE A **Le chien qui lâche la proie pour l'ombre**

Chacun se trompe ici-bas.
On voit courir après l'ombre
Tant de fous, qu'on n'en sait pas
La plupart du temps le nombre.

Au chien dont parle Ésope il faut les renvoyer.
Ce chien, voyant sa proie en l'eau représentée,
La quitta pour l'image, et pensa se noyer.
La rivière devint tout d'un coup agitée.
À toute peine il regagna les bords,
Et n'eut ni l'ombre ni le corps.

JEAN DE LA FONTAINE, *Fables*, 1678.

TEXTE B Le premier qui, ayant enclos un terrain, s'avisa de dire : Ceci est à moi, et trouva des gens assez simples pour le croire, fut le vrai fondateur de la société civile. Que de crimes, de guerres, de meurtres, que de misères et d'horreurs n'eût point épargnés au genre humain celui qui, arrachant les pieux ou comblant le fossé, eût crié à ses semblables : « Gardez-vous d'écouter cet imposteur ; vous êtes perdus si vous oubliez que les fruits sont à tous, et que la terre n'est à personne ! »

JEAN-JACQUES ROUSSEAU, *Discours sur l'origine de l'inégalité*, 1755.

TEXTE C Pendant toute la traversée ils raisonnèrent beaucoup sur la philosophie du pauvre Pangloss. « Nous allons dans un autre univers[1], disait Candide ; c'est dans celui-là sans doute que tout est bien. Car il faut avouer qu'on pourrait gémir un peu de ce qui se passe dans le nôtre en physique et en morale. – Je vous aime de tout mon cœur, disait Cunégonde ; mais j'ai encore l'âme tout effarouchée de ce que j'ai vu, de ce que j'ai éprouvé. – Tout ira bien, répliquait Candide ; la mer de ce nouveau monde vaut déjà mieux que les mers de notre Europe ; elle est plus calme, les vents plus constants. C'est certainement le nouveau monde qui est le meilleur des univers possibles.

VOLTAIRE, *Candide*, 1759.

1. **Un autre univers :** l'Amérique, où les personnages du conte philosophique cherchent le bonheur.

Exercice 4

OBJET D'ÉTUDE | Écriture poétique et quête du sens

1. Repérez le thème commun aux trois poèmes du corpus. Quels sont les réseaux lexicaux qui lui sont associés ?

2. Quelle vision de ce thème chaque poème donne-t-il au lecteur ?

3. Quels points communs, quelles différences l'écriture poétique présente-t-elle ?

TEXTE A

Arbres de la forêt, vous connaissez mon âme !
Au gré des envieux, la foule loue et blâme ;
Vous me connaissez, vous ! - vous m'avez vu souvent,
Seul dans vos profondeurs, regardant et rêvant. [...]
Vous m'avez vu cent fois, dans la vallée obscure,
Avec ces mots que dit l'esprit à la nature,
Questionner tout bas vos rameaux palpitants,
Et du même regard poursuivre en même temps,
Pensif, le front baissé, l'œil dans l'herbe profonde,
L'étude d'un atome et l'étude du monde.
Attentif à vos bruits qui parlent tous un peu,
Arbres, vous m'avez vu fuir l'homme et chercher Dieu !

VICTOR HUGO, *Les Contemplations*, 1856.

TEXTE B

Enfin ! seul ! On n'entend plus que le roulement de quelques fiacres attardés et éreintés. Pendant quelques heures, nous posséderons le silence, sinon le repos. Enfin ! la tyrannie de la face humaine a disparu, et je ne souffrirai plus que par moi-même.

Enfin ! il m'est donc permis de me délasser dans un bain de ténèbres ! D'abord, un double tour à la serrure. Il me semble que ce tour de clef augmentera ma solitude et fortifiera les barricades qui me séparent actuellement du monde.

CHARLES BAUDELAIRE, *Petits poèmes en prose*, 1857.

TEXTE C

Elle sait que l'attente est un cruel supplice,
Qu'il doit souffrir déjà, qu'il faut qu'elle accomplisse
Le serment qu'elle a fait d'être là, vers midi.
Mais, parmi les parfums du boudoir attiédi,
Elle s'est attardée à finir sa toilette.
Et devant le miroir charmé qui la reflète,
Elle s'impatiente à boutonner son gant ;
Et rien n'est plus joli que le geste élégant
De la petite main qui travaille ; et, mutine,
Elle frappe le sol du bout de sa bottine.

FRANÇOIS COPPÉE, *Les Humbles*, 1872.

OBJET D'ÉTUDE :
Le personnage de roman, du XVIIe siècle à nos jours

Préparation

1. Quels points communs et différences les personnages montrent-ils ?

2. Identifiez les caractéristiques essentielles de chaque extrait.

Rédaction

3. Présentez les deux textes sous la forme d'un paragraphe rédigé.

TEXTE A

Paul alors s'avança vers le Saint-Géran, tantôt nageant, tantôt marchant sur les récifs. Quelquefois, il avait l'espoir de l'aborder, car la mer, dans ses mouvements irréguliers, laissait le vaisseau presque à sec, de manière qu'on en eût pu faire le tour à pied ; mais bientôt après, revenant sur ses pas avec une nouvelle furie, elle le couvrait d'énormes voûtes d'eau qui soulevaient tout l'avant de sa carène, et rejetaient bien loin sur le rivage le malheureux Paul, les jambes en sang, la poitrine meurtrie, et à demi noyé. À peine ce jeune homme avait-il repris l'usage de ses sens qu'il se relevait et retournait avec une nouvelle ardeur vers le vaisseau, que la mer cependant entrouvrait par d'horribles secousses. Tout l'équipage, désespérant alors de son salut, se précipitait en foule à la mer, sur des vergues[1], des planches, des cages à poules, des tables, et des tonneaux. On vit alors un objet digne d'une éternelle pitié : une jeune demoiselle parut dans la galerie de la poupe[2] du Saint-Géran, tendant les bras vers celui qui faisait tant d'efforts pour la rejoindre. C'était Virginie. Elle avait reconnu son amant à son intrépidité.

BERNARDIN DE SAINT-PIERRE, *Paul et Virginie*, 1788.

1. **Vergues :** parties du mât qui portent la voile.
2. **Poupe :** avant du navire.

TEXTE B

– Pourquoi, mon Dieu ! me suis-je mariée ?

Elle se demandait s'il n'y aurait pas eu moyen, par d'autres combinaisons du hasard, de rencontrer un autre homme ; et elle cherchait à imaginer quels eussent été ces événements non survenus, cette vie différente, ce mari qu'elle ne connaissait pas. Tous, en effet, ne ressemblaient pas à celui-là. Il aurait pu être beau, spirituel, distingué, attirant, tels qu'ils étaient sans doute, ceux qu'avaient épousés ses anciennes camarades du couvent. Que faisaient-elles maintenant ? À la ville, avec le bruit des rues, le bourdonnement des théâtres et les clartés du bal, elles avaient des existences où le cœur se dilate, où les sens s'épanouissent. Mais elle, sa vie était froide comme un grenier dont la lucarne est au nord, et l'ennui, araignée silencieuse, filait sa toile dans l'ombre à tous les coins de son cœur.

GUSTAVE FLAUBERT, *Madame Bovary*, 1857.

MÉTHODE

Répondre aux questions de lecture des textes du corpus

Le sujet d'examen comprend un ou plusieurs extraits d'œuvres littéraires, éventuellement accompagnés d'un document iconographique, lorsque celui-ci peut aider à la compréhension de l'ensemble. Une question (pour les séries générales) ou deux questions (pour les séries technologiques) demandent de mettre en relation les textes proposés par le corpus.

1. Faire la synthèse des caractéristiques du corpus

Une première lecture du corpus doit amener le candidat à identifier précisément chacun des textes : titre de l'œuvre, nom de l'auteur, époque à laquelle le texte a été écrit, thème dominant. Pour cela, il est nécessaire de prendre en compte les renseignements fournis par le paratexte : intitulé de l'objet d'étude, informations sur le contexte historique ou biographique, notes éventuelles, date et lieu d'écriture ou de publication. L'ensemble de ces informations peut être synthétisé au moyen d'un tableau.

2. Analyser la question posée

La question posée est transversale. Elle conduit à comparer les textes, c'est-à-dire à mettre en évidence leurs caractéristiques communes mais aussi à en repérer leurs différences. Pour cela, il faut d'abord souligner dans le libellé de la question les termes-clés qui orientent l'analyse à effectuer : thème développé, thèses défendues ou rejetées, procédés littéraires utilisés, etc.

> Ces quatre portraits présentent des héroïnes différentes.
> Quels aspects de leur personnalité sont mis en valeur par les romanciers ?

3. Rechercher les éléments de réponse

La deuxième lecture des textes du corpus est orientée par la question. Il faut repérer dans chaque extrait les éléments qui apportent une réponse à la question posée, en veillant à se concentrer sur les termes-clés de la question.

> « Il parut alors une beauté à la cour, qui attira les yeux de tout le monde, et l'on doit croire que c'était une beauté parfaite, puisqu'elle donna de l'admiration dans un lieu où l'on était si accoutumé à voir de belles personnes. »
> *(Madame de Lafayette, La Princesse de Clèves, 1689.)*

4. Rédiger le brouillon de la réponse

Pour être claire, la réponse doit s'attacher à suivre une démarche rigoureuse : le premier paragraphe présente en une phrase chacun des textes du corpus ; le second paragraphe éclaire la problématique de la question par rapport à l'objet d'étude du sujet, en utilisant le vocabulaire de l'analyse littéraire ; le troisième paragraphe met clairement en évidence les points communs ou les différences qui relient les textes sous forme argumentée et illustrée d'exemples.

> **Remarque :** Pour les séries technologiques, le paragraphe de présentation des textes du corpus ne concerne que la première question.

Vérifiez votre réponse

La réponse se présente-t-elle sous la forme de trois courts paragraphes structurés ?
L'idée directrice de la réponse est-elle affirmée de façon claire et précise ?
Des citations illustrent-elles les caractéristiques repérées et analysées ?
Des termes de liaison soulignent-ils les différentes étapes de l'analyse ?
Une phrase conclusive fait-elle la synthèse de la réponse en reprenant la question posée ?

Question de lecture

OBJET D'ÉTUDE Le personnage de roman, du XVIIe siècle à nos jours

La question posée porte sur le corpus de textes présenté page 87.

Question : Ces trois portraits présentent des héroïnes différentes. Quels aspects de leur personnalité sont mis en valeur par les romanciers ?

Votre réponse fera référence à des éléments précis des textes. Elle doit être rédigée mais brève, d'une demi-page ou d'une page, au maximum.

Réponse rédigée

Le corpus rassemble trois textes d'époques diverses. Le premier est extrait du roman psychologique de Mme de Lafayette, La Princesse de Clèves (1689). Le deuxième montre une héroïne désabusée : Madame Bovary (Flaubert, 1857). Enfin, le dernier extrait est issu d'un roman contemporain, L'Amant, dans lequel Marguerite Duras semble faire son propre portrait.

Chaque texte met en valeur la personnalité de l'héroïne du récit, en la faisant vivre dans un cadre représentant la société de son temps, avec ses obstacles et ses conventions, mais aussi ses petits drames ou ses tragédies. C'est ainsi que l'héroïne de La Princesse de Clèves fait une entrée remarquée dans le monde aristocratique de la Cour. L'héroïne de Flaubert s'ennuie à la campagne, regrettant la ville qui la fait tant rêver. Enfin, la narratrice de L'Amant découvre la passion amoureuse dans le contexte de la France coloniale du XXe siècle.

Les trois héroïnes sont donc très différentes. La princesse de Clèves apparaît comme une héroïne romanesque, qui provoque l'admiration des personnages présents à la cour : « c'était une beauté parfaite », écrit Mme de Lafayette. Au contraire, Emma Bovary se sent prisonnière, comme la mouche dans une toile d'araignée. La narratrice de L'Amant est une femme vieillie, qui n'a aucun regret, sinon celui de sa beauté disparue. En définitive, ces trois portraits nous présentent des personnages très différents qui illustrent la diversité des destins et des univers explorés depuis quatre siècles par le genre romanesque.

EXERCICES

Exercice 1

OBJET D'ÉTUDE | Écriture poétique et quête du sens

Relevez les caractéristiques des textes du corpus en complétant le tableau.

Corpus
Texte A - Clément Marot, « À un poète ignorant », *L'Adolescence clémentine* (1532).
Texte B - Victor Hugo, « Fonction du poète », *Les Rayons et les Ombres* (1840).
Texte C - Arthur Rimbaud, *Lettre à Paul Demeny* (15 mai 1871).

	Texte A	Texte B	Texte C
Auteur			
Date			
Nom du poème, du recueil			
Thème dominant			
Connaissances sur le texte			

Exercice 2

OBJET D'ÉTUDE | Écriture poétique et quête du sens

Le paragraphe qui suit fait la présentation rédigée des textes du corpus de l'exercice 1. Corrigez-le en le recopiant et en le développant.

Le corpus rassemble trois textes, écrits du Moyen Âge à nos jours. Le premier est un poème extrait du recueil de Clément Marot, L'Adolescence clémentine *(1532). Dans le second, Victor Hugo s'interroge sur les « Fonctions du poète »* en 1840. *Le troisième texte est une lettre de Rimbaud, postée le 15 mai 1871 dans laquelle il définit le poète comme un voyant.*

Exercice 3

OBJET D'ÉTUDE | La question de l'Homme dans les genres de l'argumentation

1. Faites un tableau de synthèse des caractéristiques du corpus proposé ci-dessous.

2. Sur le modèle de l'exercice précédent, rédigez la présentation du corpus.

Corpus
– Texte A : La Fontaine, « La Grenouille qui se veut faire aussi grosse que le Bœuf », *Fables*, 1668.
– Texte B : Voltaire, *Candide ou l'Optimisme* (1759).
– Document iconographique : gravure de J.F. Janinet illustrant la prise de la Bastille, le 14 juillet 1789.
– Texte C : Albert Camus, *L'Homme révolté*, 1951.

Exercice 4

OBJET D'ÉTUDE **La question de l'Homme dans les genres de l'argumentation**

Après avoir analysé la question posée, vous en rechercherez les éléments de réponse dans les deux extraits proposés.

TEXTE A

Tout est bien sortant des mains de l'Auteur des choses, tout dégénère entre les mains de l'homme. Il force une terre à nourrir les productions d'une autre, un arbre à porter les fruits d'un autre ; il mêle et confond les climats, les éléments, les saisons ; il mutile son chien, son cheval, son esclave ; il bouleverse tout, il défigure tout, il aime la difformité, les monstres ; il ne veut rien tel que l'a fait la nature, pas même l'homme ; il le faut dresser pour lui, comme un cheval de manège ; il le faut contourner à sa mode, comme un arbre de son jardin.

JEAN-JACQUES ROUSSEAU, *Émile ou De l'éducation*, 1762.

TEXTE B

– Papa, on a montré l'autre jour à la télévision une brebis qui a été fabriquée en deux exemplaires !

– Tu veux parler de ce qu'on appelle *le clonage*, le fait de reproduire une chose en autant d'exemplaires qu'on veut. Cela est possible avec les objets. Ils sont fabriqués par des machines qui reproduisent le même objet de manière identique. Mais on ne doit pas le faire avec les animaux et encore moins avec les humains. […] Et puis, si on autorisait le clonage, des hommes dangereux pourraient s'en servir à leur profit, par exemple prendre le pouvoir et écraser les faibles. Heureusement, l'être humain est unique et ne se reproduit pas à l'identique. Parce que je ne suis pas identique à mon voisin ni à mon frère jumeau, parce que nous sommes tous différents les uns des autres, on peut dire et constater que « la richesse est dans la différence ».

TAHAR BEN JELLOUN, *Le Racisme expliqué à ma fille*, Seuil, 1998, n. e. 2009.

Question : Quel problème commun posent ces deux textes ? Vous rédigerez votre réponse en vous appuyant sur des exemples précis tirés du corpus.

Exercice 5

OBJET D'ÉTUDE **La question de l'Homme dans les genres de l'argumentation**

Rédigez le brouillon de la réponse à la question posée dans l'exercice précédent :
– Vous présenterez d'abord les textes du corpus sous la forme d'un bref paragraphe.
– Vous analyserez ensuite la question et en dégagerez la problématique.
– Vous mettrez enfin en évidence de manière argumentée et illustrée d'exemples le point de vue affirmé par chaque auteur.

Exercice 6

OBJET D'ÉTUDE | **Le texte théâtral et sa représentation**

1. Après avoir analysé la question posée, retrouvez dans le corpus les éléments qui vous permettent d'y répondre.

2. Rédigez le brouillon de la réponse sous la forme de trois paragraphes.

TEXTE A *Amoureuse, la fille de Sganarelle tombe malade de chagrin...*

LISETTE. – Que voulez-vous donc faire, Monsieur, de quatre médecins ? N'est-ce pas assez d'un pour tuer une personne ?

SGANARELLE. – Taisez-vous. Quatre conseils valent mieux qu'un.

LISETTE. – Est-ce que votre fille ne peut pas bien mourir, sans le secours de ces messieurs-là ?

SGANARELLE. – Est-ce que les médecins font mourir ?

LISETTE. – Sans doute : et j'ai connu un homme qui prouvait, par bonnes raisons, qu'il ne faut jamais dire : « Une telle personne est morte d'une fièvre et d'une fluxion sur la poitrine » : mais « Elle est morte de quatre médecins, et de deux apothicaires. »

MOLIÈRE, *L'Amour médecin*, II, 1, 1665.

TEXTE B *Le docteur Knock est un médecin peu scrupuleux...*

KNOCK. – Vous aviez déjà consulté le docteur Parpalaid ?

LA DAME. – Non, jamais.

KNOCK. – Pourquoi ?

LA DAME. – Il ne donnait pas de consultations gratuites. *Un silence.*

KNOCK, *la fait asseoir.* – Vous vous rendez compte de votre état ?

LA DAME. – Non.

KNOCK, *il s'assied en face d'elle.* – Tant mieux. Vous avez envie de guérir, ou vous n'avez pas envie ?

LA DAME. – J'ai envie.

KNOCK. – J'aime mieux vous prévenir tout de suite que ce sera très long et très coûteux.

JULES ROMAINS, *Knock ou le Triomphe de la médecine*, Gallimard, 1923.

Question : De quelle manière le comique théâtral permet-il à chaque époque de renouveler la critique des mœurs ?

EXO-BAC

OBJET D'ÉTUDE :
Écriture poétique et quête du sens, du Moyen Âge à nos jours

Préparation

1. Faites la synthèse des caractéristiques générales des textes du corpus.

2. Analysez chacune des deux questions posées.

3. Relevez les éléments de réponses apportés par les textes.

Rédaction

4. Rédigez les réponses aux deux questions de lecture.

TEXTE A

Ainsi, ma douce guerrière
Mon cœur, mon tout, ma lumière,
Vivons ensemble, vivons
Et suivons

Les doux sentiers de la jeunesse :
Aussi bien une vieillesse
Nous menace sur le port,
Qui, toute courbe et tremblante,
Nous entraîne chancelante
La maladie et la mort.

RÉMY BELLEAU, « *Douce et belle bouchelette* », *La Bergerie*, 1572.

TEXTE B

Le pré est vénéneux mais joli en automne
Les vaches y paissant
Lentement s'empoisonnent
Le colchique[1] couleur de cerne et de lilas
Y fleurit tes yeux sont comme cette fleur-là
Violâtres comme leur cerne et comme cet automne
Et ma vie pour tes yeux lentement s'empoisonne

Les enfants de l'école viennent avec fracas
Vêtus de hoquetons et jouant de l'harmonica
Ils cueillent les colchiques qui sont comme des mères
Filles de leurs filles et sont couleur de tes paupières

Qui battent comme les fleurs battent au vent dément

Le gardien du troupeau chante tout doucement
Tandis que lentes et meuglant les vaches abandonnent
Pour toujours ce grand pré mal fleuri par l'automne

GUILLAUME APOLLINAIRE, « *Les colchiques* », *Alcools*, 1913.

1. Colchique : plante des prés vénéneuse.

Vous répondrez aux questions suivantes :

1. Comment la mélancolie s'exprime-t-elle dans ces poèmes ?

2. Quelles remarques pouvez-vous faire sur leur composition ?

SUJET DU BAC

Durée de l'épreuve : 4 heures

CORPUS

TEXTE A → Jean de La Bruyère, « De l'homme », *Les Caractères* (1688).
TEXTE B → Diderot et D'Alembert, *Encyclopédie*, article « Misérable » (1751-1772).
TEXTE C → Victor Hugo, *Discours à l'Assemblée* (1850).
TEXTE D → Albert Camus, *L'Homme révolté* (1951).

OBJET D'ÉTUDE **La question de l'Homme dans les genres de l'argumentation, du XVIe siècle à nos jours**

TEXTE A

L'on voit certains animaux farouches, des mâles et des femelles répandus par la campagne, noirs, livides et tout brûlés du soleil, attachés à la terre qu'ils fouillent et qu'ils remuent avec une opiniâtreté invincible ; ils ont comme une voix articulée, et quand ils se lèvent sur leurs pieds, ils montrent une face humaine, et en effet ils sont des hommes ; ils se retirent la nuit dans des tanières où ils vivent de pain noir, d'eau et de racine : ils épargnent aux autres hommes la peine de semer, de labourer et de recueillir pour vivre, et méritent ainsi de ne pas manquer de ce pain qu'ils ont semé.

Jean de La Bruyère, « *De l'homme* », *Les Caractères*, 1688.

TEXTE B

MISÉRABLE, adj. et substantif. (Gramm.) Celui qui est dans le malheur, dans la peine, dans la douleur, dans la misère, en un mot, dans quelque situation que lui rend l'existence à charge, quoique peut-être il ne voulût ni se donner la mort, ni l'accepter d'une autre main. La superstition et le despotisme couvrent et ont couvert dans tous les temps la terre de misérables. Il[1] se prend encore en d'autres sens ; on dit un auteur misérable, une plaisanterie misérable, deux misérables chevaux, un préjugé misérable.

Diderot et D'Alembert, *Encyclopédie*, article « Misérable », 1751-1772.

1. **Il** : le mot « misérable ».

TEXTE C

Hé mon Dieu ! ce n'est pas le moment de chercher des délicatesses de langage ! Figurez-vous ces maisons, ces masures habitées du haut en bas, jusque sous terre, les eaux croupissantes filtrant à travers les pavés dans ces tanières où il y a des créatures humaines. Quelquefois jusqu'à dix familles dans une masure, jusqu'à dix personnes dans une chambre, jusqu'à cinq ou six dans un lit, les âges et les sexes mêlés, les greniers aussi hideux que les caves, des galetas[1] où il entre assez de froid pour grelotter et pas assez d'air pour respirer !

Je demandais à une femme de la rue du Bois-Saint-Sauveur : Pourquoi n'ouvrez-vous pas les fenêtres ? Elle m'a répondu : – Parce que les châssis sont pourris et qu'ils nous resteraient dans les mains. J'ai insisté : – Vous ne les ouvrez donc jamais ? – Jamais, monsieur !

Figurez-vous la population maladive et étiolée[2], des spectres au seuil des portes, la virilité retardée, la décrépitude précoce, des adolescents qu'on prend pour des enfants, de jeunes mères qu'on prend pour de vieilles femmes, les scrofules, le rachis, l'ophtalmie, l'idiotisme[3], une indigence inouïe, des haillons partout, on m'a montré comme une curiosité une femme qui avait des boucles d'oreilles d'argent ! Et au milieu de tout cela le travail sans relâche, le travail acharné, pas assez d'heures de sommeil, le travail de l'homme, le travail de la femme, le travail de l'âge mûr, le travail de la vieillesse, le travail de l'enfance, le travail de l'infirme, et souvent pas de pain, et souvent pas de feu, et cette femme aveugle, entre ses deux enfants dont l'un est mort et l'autre va mourir, et ce filetier phtisique[4] agonisant, et cette mère épileptique qui a trois enfants et qui gagne trois sous par jour ! Figurez-vous tout cela et si vous vous récriez, et si vous doutez, et si vous niez... Ah ! Vous niez ! Eh bien, dérangez-vous quelques heures, venez avec nous, incrédules, et nous vous ferons voir de vos yeux, toucher de vos mains, les plaies, les plaies saignantes de ce Christ qu'on appelle le peuple !

Victor Hugo, *Discours à l'Assemblée*, 30 juin 1850.

1. **Des galetas :** petites pièces misérables.
2. **Étiolée :** affaiblie.
3. **Les scrofules, le rachis, l'ophtalmie, l'idiotisme :** maladies.
4. **Filetier phtisique :** ouvrier malade de tuberculose.

TEXTE D

Qu'est-ce qu'un homme révolté ? Un homme qui dit non. Mais s'il refuse, il ne renonce pas : c'est aussi un homme qui dit oui, dès son premier mouvement. Un esclave, qui a reçu des ordres toute sa vie, juge soudain inacceptable un nouveau commandement. Quel est le contenu de ce « non » ?

Il signifie, par exemple, « les choses ont trop duré », « jusque-là oui, au-delà non », « vous allez trop loin », et encore « il y a une limite que vous ne dépasserez pas ». En somme, ce non affirme l'existence d'une frontière. On retrouve la même idée de la limite dans ce sentiment du révolté que l'autre « exagère », qu'il étend son droit au-delà de la frontière à partir de laquelle un autre droit lui fait face et le limite. Ainsi, le mouvement de révolte s'appuie, en même temps, sur le refus catégorique d'une intrusion jugée intolérable et sur la certitude confuse d'un bon droit, plus exactement l'impression, chez le révolté, qu'il est « en droit de... ». La révolte ne va pas sans le sentiment d'avoir soi-même, en quelque façon, et quelque part, raison.

ALBERT CAMUS, *L'Homme révolté*, Gallimard, 1951.

Écriture

I. Vous répondrez d'abord à la question suivante (6 points) :

1. Justifiez le rapprochement de ces quatre textes en précisant à quels genres d'argumentation ils appartiennent. Votre réponse n'excédera pas une vingtaine de lignes.

2. Quelle réponse le texte D propose-t-il à la misère exprimée dans les textes A, B et C ?

II. Vous traiterez ensuite au choix un des sujets suivants (14 points) :

Commentaire : **Vous commenterez le discours de Victor Hugo.**

Dissertation : **« Qu'est-ce qu'un homme révolté ? Un homme qui dit non », affirme Albert Camus, dans son essai intitulé *L'Homme révolté*. Pensez-vous que la littérature doive nécessairement exprimer une forme de révolte ? Vous construirez votre réponse en vous appuyant sur les textes du corpus ainsi que sur vos connaissances et lectures personnelles.**

Invention : **En vous inspirant du discours de Victor Hugo, vous écrivez une lettre ouverte à un journal devant un événement ou une situation qui a provoqué en vous un sentiment de révolte. (Vous ne devez en aucun cas signer la lettre de votre nom.)**

LE SUJET D'INVENTION

L'écriture d'invention invite le candidat à mettre en œuvre d'autres formes d'écriture que celle de la dissertation ou du commentaire. Il s'agit en effet d'écrire un texte, en liaison avec celui ou ceux du corpus en obéissant à un certain nombre de consignes. Ce texte se fonde sur les contraintes et les caractéristiques des genres littéraires correspondant aux objets d'étude au programme de la classe de Première.

L'écrit d'invention n'est pas un texte de pure imagination, mais un texte qui développe le plus souvent une argumentation en s'inscrivant dans une forme précise définie par le sujet. Il peut s'agir également d'un texte narratif qui demande à transposer ou amplifier un texte du corpus.

MÉTHODE

Inventer un texte de fiction

À travers l'écriture d'invention, le sujet donne des consignes qui visent à produire un texte de fiction. Il peut s'agir d'amplifier l'un des textes du corpus en le développant ; il peut être demandé d'imiter les textes pour produire une fiction personnelle ; enfin, le sujet peut inviter à une transposition, c'est-à-dire à réécrire l'un des textes. Dans tous les cas, une bonne connaissance des objets d'étude et du corpus est nécessaire.

1. Analyser le sujet

L'analyse du sujet d'invention permet de définir le type d'écriture demandé.

→ **Définir le type d'invention.** Le sujet contient des mots-clés qui définissent le travail à mener. L'amplification demande de développer un texte du corpus. L'imitation demande d'inventer un texte, souvent argumentatif. La transposition demande de réécrire un texte, parfois dans un autre genre.

→ **Identifier le genre du texte à inventer.** Le sujet indique dans quel genre littéraire la réponse s'inscrit : le roman, la poésie, le théâtre ou les genres de l'argumentation. Les textes du corpus et les connaissances acquises à travers les objets d'étude au programme servent de guide pour rédiger la réponse.

→ **Repérer la situation à mettre en place.** Le sujet définit la situation d'énonciation du texte à inventer : qui parle ? À qui ? De quoi ? Sur quel ton ? S'agit-il d'un discours, d'un récit ou d'un poème ?

> Exemple : *À son tour, Sganarelle paraît seul sur scène. Rédigez le monologue qu'il prononce pour se présenter et expliquer son point de vue sur le mariage.*

2. Rédiger la réponse

La réponse montre que le candidat maîtrise les genres littéraires.

→ **Pour amplifier un texte.** Il faut créer une continuité entre le texte à amplifier (extrait de roman, scène de théâtre) et le texte à rédiger (suite, portrait, description, dialogue). Pour cela, il faut conserver la situation de départ et les caractéristiques du texte à amplifier (énonciation, niveau de langage, style).

→ **Pour imiter un texte.** Il faut s'appuyer sur les règles d'écriture d'un genre littéraire mais produire un texte original. Pour cela, la réponse rédigée imite la forme des textes (poème en vers ou en prose, incipit romanesque) et le style des auteurs, en reprenant leurs procédés d'écriture.

→ **Pour transposer un texte.** Il faut conserver le cadre du texte à transposer : lieu, époque, personnages, intrigue. Mais la transposition conduit à réécrire le texte dans un autre genre : par exemple, un extrait de roman en scène de théâtre ; un poème en une lettre. La réponse montre comment le candidat maîtrise les règles d'un genre non représenté dans le corpus.

Vérifiez votre réponse

Les caractéristiques du genre littéraire demandé par le sujet (roman, théâtre, poésie, discours argumentatif) sont-elles respectées ?
La situation, les personnages et le contexte correspondent-ils bien à ceux du texte source ?
Avez-vous amélioré votre brouillon en imitant les tournures de phrases, le lexique et les images utilisés dans le corpus ?

Sujet (extrait)

OBJET D'ÉTUDE **Le texte théâtral et sa représentation du XVIIe siècle à nos jours**

Dans L'Échange, *Lechy Elbernon, une actrice américaine, explique à Marthe, une jeune Française mariée à un Américain, sa conception du théâtre.*

LECHY ELBERNON, MARTHE

LECHY ELBERNON. – Moi je connais le monde. J'ai été partout. Je suis actrice, vous savez. Je joue sur le théâtre.

Le théâtre. Vous ne savez pas ce que c'est ?

MARTHE. – Non.

LECHY ELBERNON. – Il y a la scène et la salle.

Tout étant clos, les gens viennent là le soir, et ils sont assis par rangées les uns derrière les autres, regardant.

MARTHE. – Quoi ? Qu'est-ce qu'ils regardent, puisque tout est fermé ?

LECHY ELBERNON. – Ils regardent le rideau de la scène.

Et ce qu'il y a derrière quand il est levé.

Et il arrive quelque chose sur la scène comme si c'était vrai.

MARTHE. – Mais puisque ce n'est pas vrai ! C'est comme les rêves que l'on fait quand on dort.

PAUL CLAUDEL, *L'Échange*, Acte I (première version), Mercure de France, 1901.

Écriture d'invention : Rédigez la suite du dialogue dans lequel Lechy Elbernon explique sa conception du théâtre à Marthe. Vous pourrez y développer des considérations sur les acteurs, la mise en scène, les costumes, etc.

Réponse rédigée

LECHY ELBERNON, riant aux éclats. – Ma chère, vous ne comprenez pas. Toute la magie du théâtre repose sur ce rideau qui se lève et place les spectateurs face à un univers magique !

MARTHE. – Il faut donc oublier… Tout oublier… (Elle réfléchit.) Oublier sa vie, ses malheurs et le reste, si l'on veut croire au théâtre… Mais, vous, Lechy, vous n'avez jamais honte de vous montrer ainsi sur scène ? De faire semblant d'être une autre sous le regard de tous ?

LECHY ELBERNON. – Non ! Là est la grandeur du théâtre pour nous, acteurs !

(Marthe se rapproche, intriguée.)

LECHY ELBERNON. – Je suis tantôt reine d'Égypte, tantôt femme battue, tantôt danseuse du ventre…

Exercice 5

OBJET D'ÉTUDE **Le texte théâtral et sa représentation**

Le texte théâtral qui suit doit être transposé en extrait de roman. Aidez-vous des didascalies et des paroles prononcées par les personnages.

Texte

HAMM. – Regarde l'Océan !

Clov descend de l'escabeau, fait quelques pas vers la fenêtre à gauche, retourne prendre l'escabeau, l'installe sous la fenêtre à gauche, monte dessus, braque la lunette sur le dehors, regarde longuement. Il sursaute, baisse la lunette, l'examine, la braque de nouveau.

CLOV. – Jamais vu une chose comme ça !

HAMM, *inquiet*. – Quoi ? Une voile ? Une nageoire ? Une fumée ?

SAMUEL BECKETT, *Fin de partie*, Éd. de Minuit, 1957.

Début de la transposition

« Regarde l'Océan ! », s'exclama Hamm tout à coup.

Clov descendit alors de l'escabeau, fit quelques pas sur sa gauche, vers la fenêtre. Puis il retourna prendre l'escabeau [...].

Exercice 6

OBJET D'ÉTUDE **Le personnage de roman**

1. Repérez le cadre du texte à transposer : personnages, lieu, situation, paroles.

2. Transposez l'extrait de roman pour le théâtre.

Sujet : Vous transposerez cette scène de roman en une scène de théâtre. Vous donnerez des indications sur le décor, les gestes, les attitudes, et imaginerez une suite.

Le texte à transposer

L'Amant *raconte la jeunesse de Marguerite Duras au Cambodge. Dans ce passage, elle rencontre celui qui deviendra son premier amant.*

L'homme élégant est descendu de la limousine, il fume une cigarette anglaise. Il regarde la jeune fille au feutre d'homme et aux chaussures d'or. Il vient vers elle lentement. C'est visible, il est intimidé. Il ne sourit pas tout d'abord. Tout d'abord il lui offre une cigarette. Sa main tremble. Il y a cette différence de race, il n'est pas blanc, il doit la surmonter, c'est pourquoi il tremble. Elle lui dit qu'elle ne fume pas, non merci. Elle ne dit rien d'autre, elle ne lui dit pas laissez-moi tranquille. Alors il a moins peur. Alors il lui dit qu'il croit rêver. Elle ne répond pas. Ce n'est pas la peine qu'elle réponde, que répondrait-elle. Elle attend. Alors il le lui demande : mais d'où venez-vous ? Elle dit qu'elle est la fille de l'institutrice de l'école de filles de Sadec. Il réfléchit et puis il dit qu'il a entendu parler de cette dame, sa mère, de son manque de chance avec cette concession qu'elle aurait achetée au Cambodge, c'est bien ça n'est-ce pas ? Oui c'est ça.

MARGUERITE DURAS, *L'Amant*, Éd. de Minuit, 1984.

OBJET D'ÉTUDE :
Le personnage de roman, du XVIIe siècle à nos jours

Préparation

1. Repérez le cadre du texte à transposer : personnages, lieu, situation.

2. Quelles modifications le sujet demande-t-il d'effectuer ?

Rédaction

Imaginez la lettre que Fabrice écrit le soir de la bataille à la femme qu'il aime, en se posant en héros.

TEXTE À TRANSPOSER

Dans La Chartreuse de Parme, *le jeune Fabrice Del Dongo rêve de devenir un héros. Il rejoint la bataille de Waterloo où il peut enfin vivre son premier combat.*

Fabrice était tout joyeux. Enfin, je vais me battre réellement, se disait-il, tuer un ennemi ! [...] Il lui vint une idée de chasseur ; il prit une cartouche dans sa giberne[1] et en détacha la balle : si je le vois, dit-il, il ne faut pas que je le manque et il fit couler cette seconde balle dans le canon de son fusil. Il entendit tirer deux coups de feu tout à côté de son arbre ; en même temps, il vit un cavalier vêtu de bleu qui passait au galop devant lui, se dirigeant de sa droite à sa gauche. Il n'est pas à trois pas, se dit-il, mais à cette distance je suis sûr de mon coup, il suivit bien le cavalier du bout de son fusil et enfin pressa la détente ; le cavalier tomba avec son cheval. Notre héros se croyait à la chasse : il courut tout joyeux sur la pièce qu'il venait d'abattre. Il touchait déjà l'homme qui lui semblait mourant, lorsque, avec une rapidité incroyable, deux cavaliers prussiens arrivèrent sur lui pour le sabrer. Fabrice se sauva à toutes jambes vers le bois ; pour mieux courir il jeta son fusil. Les cavaliers prussiens n'étaient plus qu'à trois pas de lui lorsqu'il atteignit une nouvelle plantation de petits chênes gros comme le bras et bien droits qui bordaient le bois. Ces petits chênes arrêtèrent un instant les cavaliers mais ils passèrent et se remirent à poursuivre Fabrice dans une clairière. De nouveau ils étaient près de l'atteindre, lorsqu'il se glissa entre sept à huit gros arbres. À ce moment, il eut presque la figure brûlée par la flamme de cinq ou six coups de fusil qui partirent en avant de lui. Il baissa la tête ; comme il la relevait, il se trouva vis-à-vis du caporal.

– Tu as tué le tien ? lui demanda le caporal Aubry.

– Oui, mais j'ai perdu mon fusil.

– Ce n'est pas les fusils qui nous manquent ; tu es un bon bougre ; malgré ton air cornichon, tu as bien gagné ta journée, et ces soldats-ci viennent de manquer ces deux qui te poursuivaient et venaient droit à eux ; moi, je ne les voyais pas.

STENDHAL, *La Chartreuse de Parme*, 1839.

1. **Giberne :** sac où l'on met les cartouches.

MÉTHODE

Inventer une argumentation

Le sujet d'invention peut demander de développer une argumentation liée à une situation d'énonciation particulière : un discours, une lettre, un dialogue, etc. L'analyse du sujet permet de mettre en place une stratégie argumentative et de rédiger sa réponse en tenant compte du genre littéraire demandé.

1. Analyser le sujet

Le sujet définit la forme ou le genre littéraire dans lequel doit s'inscrire la réponse. Il renseigne également sur la situation d'énonciation à mettre en place.

→ **Identifier la forme de la réponse.** Le sujet peut demander d'inventer un article de presse, une lettre (lettre au courrier des lecteurs, lettre ouverte, lettre fictive d'un personnage du corpus, etc.), un monologue ou un dialogue, un discours devant une assemblée, un récit à visée argumentative (fable ou conte).

→ **Repérer la situation d'énonciation.** Le sujet définit l'identité de l'émetteur et du destinataire, le lieu et l'époque de l'argumentation, la thèse défendue.

> *À son arrivée à l'Assemblée, Victor Hugo prend la parole devant les députés pour faire part de son indignation et plaider pour plus de justice dans la société. Vous rédigez ce discours.*

2. Développer une stratégie argumentative

La stratégie argumentative mise en œuvre détermine la progression du texte à écrire. Elle se développe en s'appuyant sur le corpus et les connaissances personnelles.

→ **Défendre un point de vue.** La réponse défend une thèse. Elle est exprimée au début du texte de manière à souligner l'enjeu de l'argumentation. Elle s'appuie ensuite sur une série d'arguments illustrés d'exemples.

> *Sous la forme d'une lettre ouverte, un romancier défend la nécessité de faire rêver le lecteur à travers des personnages héroïques.*

→ **Réfuter un point de vue.** La réponse reformule puis rejette la thèse adverse. Elle propose ensuite une série de contre-arguments illustrés d'exemples. Elle valide enfin une thèse nouvelle qu'elle développe pour combattre la thèse réfutée.

> *Le théâtre classique se refusait à représenter la mort sur scène. Imaginez la préface d'un dramaturge contemporain qui dénonce ce point de vue.*

→ **Discuter un point de vue.** La réponse fait dialoguer deux thèses opposées. Les arguments de l'une s'opposent aux contre-arguments de l'autre. Les exemples et les contre-exemples s'enchaînent en éclairant de manières différentes la problématique mise en place.

> *Un cinéaste rencontre le théoricien du théâtre Antonin Artaud. Chacun défend la capacité de son art à exprimer le réel. Vous présenterez ce débat sous la forme d'un dialogue entre les deux hommes.*

Vérifiez votre réponse

La forme de la réponse présente-t-elle clairement toutes les caractéristiques attendues ? (lettre, article, dialogue, discours, monologue théâtral etc.)
La situation d'énonciation de la réponse tient-elle compte des contraintes d'écriture liées à l'identité de l'émetteur et du destinataire, à l'époque et au lieu de l'argumentation ?

Sujet (Extrait)

OBJET D'ÉTUDE **La question de l'Homme dans les genres de l'argumentation, du XVIe siècle à nos jours**

Écriture d'invention : Après avoir lu l'essai de Léon Daudet, l'un de ses contemporains défend les progrès amenés par les machines dans une lettre ouverte. Vous rédigerez cette lettre.

TEXTE

Sans doute le siècle industriel[1] a vu construire et se perfectionner beaucoup de machines [...]. La guerre a prouvé que les avions avaient un pouvoir de destruction sans précédent et duquel on pouvait attendre, dans un avenir rapproché, l'écrasement de cités entières. Le retournement de la machine contre l'homme est un problème tel qu'on peut se demander si c'était la peine d'exterminer les fauves et les carnassiers, étant donné qu'ils seraient remplacés par une zoologie métallique, infiniment plus redoutable. Le bonheur par le progrès de la machine est devenu très aléatoire[2].

LÉON DAUDET, *Souvenirs et polémiques*, 1922, Robert Laffont, 1992.

1. **Le siècle industriel :** le XIXe siècle.
2. **Aléatoire :** douteux, incertain.

Réponse rédigée (début)

Chers amis lecteurs,

J'ai lu avec intérêt l'essai de monsieur Léon Daudet, qu'il intitule de manière provocatrice « Le stupide XIXe siècle ». Il peut se résumer en deux mots : le perfectionnement des machines met le genre humain en danger. Ses arguments sont certes intéressants : des inventions perfectionnées, comme l'avion, sont utilisées pour mener une guerre industrielle et terrifiante. Mais à l'heure où les armes se sont tues, ne serait-il pas temps d'imaginer un monde meilleur, un monde dans lequel on rendrait à ces merveilleuses inventions leur fonction initiale ?

Croyez-le : le bonheur par le progrès de la machine nous est enfin accessible. Le bateau à vapeur, le train, l'automobile, l'avion, loin d'être des armes de guerre, sont les instruments du bonheur de demain. Ainsi, on ne peut accuser les machines de faire la guerre : les hommes qui les commandent sont seuls responsables du chaos dans lequel la planète a été plongée. Imaginez un instant un monde paisible dans lequel on rendrait à ces moyens de locomotion de plus en plus rapide leur fonction première.

Loin de partager le pessimisme de monsieur Daudet, je pense donc que l'avenir nous appartient, un avenir dans lequel la machine fera le bonheur des humains.

EXERCICES

Exercice 1

1. Sur quel objet d'étude portent les sujets suivants? Identifiez la forme de la réponse attendue.

2. Repérez l'émetteur et le(s) destinataires de l'argumentation, ainsi que la thèse à examiner.

Sujet A: Un ami vous reproche votre goût pour les romans réalistes qui, selon lui, font vivre des personnages trop communs... En vous fondant sur les extraits proposés et sur les œuvres que vous avez pu étudier ou lire, vous rédigerez un dialogue où vos arguments s'opposeront aux critiques de votre interlocuteur.

Sujet B: Une revue littéraire prépare un numéro sur la question de la poésie au XXIe siècle. Vous êtes chargé d'y écrire un article dans lequel vous défendrez l'importance de la poésie dans le monde contemporain. Vous rédigerez cet article en utilisant les textes du corpus, mais aussi en vous appuyant sur votre conception personnelle de la poésie aujourd'hui.

Sujet C: Un cinéaste s'adresse à l'ensemble de son équipe (acteurs, décorateur, preneur de son, costumiers, éclairagistes...) pour définir ses choix de mise en scène dans l'adaptation de *Cyrano de Bergerac*. Vous rédigez son intervention.

Exercice 2

1. Identifiez la forme de la réponse attendue dans les sujets suivants.

2. Définissez avec précision la situation d'énonciation mise en place par le sujet: émetteur, destinataires(s), lieu et époque de l'énonciation, thèse à défendre, discuter ou réfuter.

Sujet A: L'héroïne de *Rhinocéros*, Daisy, dont Bérenger est amoureux, exige qu'il change son mode de vie par amour pour elle. Écrivez le monologue délibératif de Bérenger qui le conduira à choisir entre ses sentiments et ses habitudes.

Sujet B: Les poèmes de Lautréamont ont été mal accueillis à leur parution, en 1869. Dans un courrier de lecteurs, un admirateur d'une telle esthétique du laid défend l'idée qu'il n'existe pas d'objet poétique privilégié. Vous rédigerez cette lettre.

Sujet C: Imaginez la réponse de Jean Valjean au réquisitoire du policier Javert pour poursuivre l'extrait des *Misérables*, sous la forme d'un plaidoyer en faveur de l'humanité.

Exercice 3

1. Indiquez, pour chacun des sujets suivants, s'il demande de défendre, de réfuter ou de discuter un point de vue.

2. Reformulez pour chaque sujet la thèse à examiner.

Sujet A: Rédigez une fable en prose qui s'intitulera « L'Enfant et le Savant » dans laquelle chacun des deux protagonistes défend sa conception du monde et la place qu'il faut réserver à l'imagination.

Sujet B: Poursuivez le monologue théâtral du personnage en respectant la situation d'énonciation et en développant le point de vue paradoxal qu'il soutient en affirmant que le malheur est une nécessité pour l'homme.

Sujet C: Vous envoyez une lettre ouverte à un journal dans laquelle vous contesterez le rejet par l'auteur d'un monde sans frontière.

Sujet D: Écrivez la suite du plaidoyer en faveur de la nature prononcé par Rousseau dans son essai. Vous respecterez la situation d'énonciation mise en place par le texte.

Exercice 4

OBJET D'ÉTUDE **Le texte théâtral et sa représentation**

1. Quelle est forme de l'argumentation développée ? Identifiez sa situation d'énonciation.

2. Quel est le point de vue défendu par l'émetteur ?

3. Imaginez trois arguments à l'appui de la thèse.

Avignon, le 17 juillet

Monsieur le rédacteur,

J'ai lu dans le dernier numéro de votre revue Spectacles en scène *l'article qui signalait à vos lecteurs la représentation des* Bonnes *de Jean Genet, proposée actuellement au festival d'Avignon. Admirateur passionné de ce grand dramaturge, je me suis rendu à cette représentation. Permettez-moi de vous dire que j'ai particulièrement aimé cette mise en scène originale. J'aimerais vous exposer les raisons qui m'ont fait prendre plaisir à ce spectacle car celui-ci correspond parfaitement à la conception que je me fais de l'art dramatique.*

EXERCICES

Exercice 5

OBJET D'ÉTUDE **La question de l'Homme dans les genres de l'argumentation, du XVIe siècle à nos jours**

1. Reformulez, à partir du sujet suivant, les deux thèses qui s'opposent.

2. Retrouvez, parmi les arguments proposés, ceux qui correspondent à chaque point de vue.

3. Illustrez chaque argument au moyen de l'exemple qui convient.

Sujet : Vous écrirez un dialogue entre un interlocuteur qui pense que les genres de l'argumentation sont les seuls outils efficaces pour défendre des idées et un autre pour qui toutes les formes d'art peuvent atteindre ce but.

Arguments :

a. Les discours des grands orateurs sont capables de remuer leurs auditoires.
b. La fable permet, derrière des histoires amusantes, de transmettre une morale universelle.
c. La chanson engagée permet de toucher le plus grand nombre.
d. Les idées défendues sont d'autant plus efficaces qu'elles sont énoncées de manière explicite.
e. Tous les genres littéraires sont porteurs d'idées et de valeurs.
f. La peinture, la photographie, le cinéma montrent et dénoncent mieux qu'un grand discours.

Exemples :

A. Les fables de La Fontaine pour la justice et l'égalité.
B. Les sermons de Bossuet contre l'oubli de la morale.
C. Les discours de Victor Hugo contre la peine de mort.
D. *Guernica*, le tableau de Picasso contre la guerre.
E. La poésie d'Aragon, les romans de Malraux, le théâtre de Camus.
F. Du *Temps des cerises* au *Chant des Partisans*, les paroles et la musique entraînent les foules.

Exercice 6

OBJET D'ÉTUDE **Le texte théâtral et sa représentation**

Quels défauts le début de la réponse au sujet suivant comporte-t-il ? Récrivez-la en corrigeant la forme, les marques de l'énonciation et la formulation de la thèse.

Sujet : Dans la scène suivante, le héros, Pâris, se retrouve seul. Il expose sous la forme d'un monologue délibératif sa vision optimiste de l'humanité malgré les menaces de guerre qui s'accumulent. Vous rédigerez son monologue.

Début de la réponse :

« Tous ils ne croient pas si bien dire, dit Pâris, je connais bien la guerre et les hommes. Au premier coup de canon… (Il se mit à réfléchir longuement et marcha de long en large.) ils se précipiteront pour se battre et personne n'interviendra pour ramener la paix.
HÉCUBE, entrant. Cher fils, tu te trompes ! Il faut garder espoir… »

OBJET D'ÉTUDE :
Le texte théâtral et sa représentation du XVIIe siècle à nos jours

Préparation

1. **Analysez le sujet : situation d'énonciation, forme de la réponse, thèse(s) à examiner.**
2. **Imaginez et classez les arguments que pourraient apporter les deux metteurs en scène.**

Rédaction

3. **Rédigez le brouillon de votre réponse, puis améliorez-le en le mettant au net.**

Sujet : Lors d'un débat télévisé, deux metteurs en scène s'opposent sur l'interprétation de ce passage : l'un veut insister sur sa dimension comique, l'autre veut mettre en valeur la cruauté de la situation. Rédigez ce dialogue.

Monsieur de Pourceaugnac, venu à Paris pour se marier, est victime d'une machination : deux médecins sont chargés de le soigner coûte que coûte.

M. DE POURCEAUGNAC. – Messieurs, il y a une heure que je vous écoute. Est-ce que nous jouons ici une comédie ?

PREMIER MÉDECIN. – Non, Monsieur, nous ne jouons point.

M. DE POURCEAUGNAC. – Qu'est-ce que tout ceci ? et que voulez-vous dire avec votre galimatias et vos sottises ?

PREMIER MÉDECIN. – Bon, dire des injures. Voilà un diagnostique qui nous manquait pour la confirmation de son mal, et ceci pourrait bien tourner en manie.

M. DE POURCEAUGNAC. – Avec qui m'a-t-on mis ici ?

Il crache deux ou trois fois.

PREMIER MÉDECIN. – Autre diagnostique : la sputation fréquente.

M. DE POURCEAUGNAC. – Laissons cela, et sortons d'ici.

Premier médecin. – Autre encore : l'inquiétude de changer de place.

M. DE POURCEAUGNAC. – Qu'est-ce donc que toute cette affaire ? et que me voulez-vous ?

Premier médecin. – Vous guérir, selon l'ordre qui nous a été donné.

M. DE POURCEAUGNAC. – Me guérir ?

Premier médecin. – Oui.

M. DE POURCEAUGNAC. – Parbleu je ne suis pas malade.

Premier médecin. – Mauvais signe, lorsqu'un malade ne sent pas son mal.

M. DE POURCEAUGNAC. – Je vous dis que je me porte bien.

PREMIER MÉDECIN.- Nous savons mieux que vous comment vous vous portez, et nous sommes médecins, qui voyons clair dans votre constitution.

MOLIÈRE, *Monsieur de Pourceaugnac*, Acte I, scènes 10 et 11, 1670.

SUJET DU BAC

Durée de l'épreuve : 4 heures

CORPUS

TEXTE A → Pierre de Marivaux, *La Vie de Marianne* (1631-1641).
TEXTE B → Gustave Flaubert, *L'Éducation sentimentale* (1869).
TEXTE C → Jean-Marie Gustave Le Clézio, *Désert* (1980).

OBJET D'ÉTUDE **Le personnage de roman, du XVIIe siècle à nos jours**

TEXTE A

Parmi les jeunes gens dont j'attirais les regards, il y en eut un que je distinguai moi-même, et sur qui mes yeux tombaient plus volontiers que sur les autres. J'aimais à le voir, sans me douter du plaisir que j'y trouvais ; j'étais coquette pour les autres, et je ne l'étais pas pour lui ; j'oubliais à lui plaire, et ne songeais qu'à le regarder. Apparemment que l'amour, la première fois qu'on en prend, commence avec cette bonne foi-là, et peut-être que la douceur d'aimer interrompt le soin d'être aimable. Ce jeune homme, à son tour, m'examinait d'une façon toute différente de celle des autres : il y avait quelque chose de plus sérieux qui se passait entre lui et moi. Les autres applaudissaient ouvertement à mes charmes, il me semblait que celui-ci les sentait ; du moins je le soupçonnais quelquefois, mais si confusément, que je n'aurais pu dire ce que je pensais de lui, non plus que ce que je pensais de moi. Tout ce que je sais, c'est que ses regards m'embarrassaient, que j'hésitais de les lui rendre, et que je les lui rendais toujours ; que je ne voulais pas qu'il me vît y répondre, et que je n'étais pas fâchée qu'il l'eût vu. Enfin on sortit de l'église, et je me souviens que j'en sortis lentement, que je retardais mes pas ; que je regrettais la place que je quittais ; et que je m'en allais avec un cœur à qui il manquait quelque chose, et qui ne savait pas ce que c'était. Je dis qu'il ne le savait pas ; c'est peut-être trop dire, car, en m'en allant, je retournais souvent la tête pour revoir encore le jeune homme que je laissais derrière moi.

MARIVAUX, *La Vie de Marianne*, 1731-1741.

TEXTE B

Ce fut comme une apparition :

Elle était assise, au milieu du banc, toute seule ; ou du moins il ne distingua personne, dans l'éblouissement que lui envoyèrent ses yeux. En même temps qu'il passait, elle leva la tête ; il fléchit involontairement les épaules ; et, quand il se fut mis plus loin, du même côté, il la regarda.

Elle avait un large chapeau de paille, avec des rubans roses qui palpitaient au vent derrière elle. Ses bandeaux noirs, contournant la pointe de ses grands sourcils, descendaient très bas et semblaient presser amoureusement l'ovale de sa figure. Sa robe de mousseline claire, tachetée de petits pois, se répandait à plis nombreux. Elle était en train de broder quelque chose; et son nez droit, son menton, toute sa personne se découpait sur le fond de l'air bleu.

Comme elle gardait la même attitude, il fit plusieurs tours de droite et de gauche pour dissimuler sa manœuvre; puis il se planta tout près de son ombrelle, posée contre le banc, et il affectait d'observer une chaloupe sur la rivière.

Jamais il n'avait vu cette splendeur de sa peau brune, la séduction de sa taille, ni cette finesse des doigts que la lumière traversait. Il considérait son panier à ouvrage avec ébahissement, comme une chose extraordinaire. Quels étaient son nom, sa demeure, sa vie, son passé? Il souhaitait connaître les meubles de sa chambre, toutes les robes qu'elle avait portées, les gens qu'elle fréquentait; et le désir de la possession physique même disparaissait sous une envie plus profonde, dans une curiosité douloureuse qui n'avait pas de limites.

GUSTAVE FLAUBERT, *L'Éducation sentimentale*, 1869.

TEXTE C

Elle danse comme elle a appris autrefois, seule au milieu des gens, pour cacher sa peur, parce qu'il y a trop de bruit, trop de lumière. Le photographe reste assis sur la marche, sans bouger, sans même penser à la photographier. Au début, les gens ne font pas attention à Hawa, parce que la lumière les aveugle. Puis, c'est comme s'ils sentaient que quelque chose d'extraordinaire était arrivé, sans qu'ils s'en doutent. Ils s'écartent, ils s'arrêtent de danser, les uns après les autres, pour regarder Lalla Hawa. Elle est toute seule dans le cercle de lumière, elle ne voit personne. Elle danse sur le rythme lent de la musique électronique, et c'est comme si la musique était à l'intérieur de son corps. La lumière brille sur le tissu noir de sa robe, sur sa peau couleur de cuivre, sur ses cheveux. On ne voit pas ses yeux à cause de l'ombre, mais son regard passe sur les gens, emplit la salle, de toute sa force, de toute sa beauté. Hawa danse pieds nus sur le sol lisse, ses pieds longs et plats frappent au rythme des tambours, ou plutôt, c'est elle qui semble dicter avec la plante de ses pieds et ses talons le rythme de la musique. Son corps souple ondoie, ses hanches, ses épaules et ses bras sont légèrement écartés comme des ailes. La lumière des projecteurs rebondit sur elle, l'enveloppe, crée des tourbillons autour de ses pas. Elle est absolument seule dans la grande salle, seule comme au milieu d'une esplanade, seule comme au milieu d'un plateau de pierres, et la musique électrique joue pour elle seule, de son rythme lent et lourd.

J.-M.G LE CLÉZIO, *Désert*, Gallimard, 1980.

Écriture

I. Vous répondrez d'abord à la question suivante (6 points):

1. À travers quel regard le lecteur perçoit-il les différentes héroïnes présentes dans les textes du corpus?

2. En quoi l'héroïne du texte C apparaît-elle comme un personnage moderne?

II. Vous traiterez ensuite au choix un des sujets suivants (14 points):

Commentaire: Vous commenterez le texte de Gustave Flaubert.

Dissertation: «La femme s'est libérée dans le roman, comme elle s'est libérée dans la société.» Vous discuterez cette affirmation en vous appuyant sur les textes du corpus ainsi que sur vos connaissances et lectures personnelles.

Invention: En vous appuyant sur l'extrait du texte A, vous raconterez la scène décrite par Marianne, l'héroïne, mais en adoptant le point de vue du personnage masculin qu'elle rencontre. Vous conserverez le cadre de la scène et le ton de l'auteur.

LE COMMENTAIRE

Le commentaire est un des exercices d'écriture proposés au baccalauréat. Il s'agit de commenter un texte littéraire ou, parfois, de comparer deux textes du corpus. Dans les séries générales, le candidat construit son devoir en expliquant ce qu'il retient du texte, comment il le comprend et de quelle façon il l'apprécie. Dans les séries technologiques, le commentaire est orienté par les deux ou trois questions auxquelles le candidat doit répondre.

MÉTHODE

Préparer le commentaire

Le sujet de commentaire invite le candidat à présenter sa lecture personnelle d'un texte littéraire. Il s'agit donc d'analyser précisément le texte, afin de construire un plan qui présente de manière logique le parcours de lecture suivi par le candidat.

1. Analyser le texte à commenter

Le commentaire littéraire s'appuie sur une lecture minutieuse et une interprétation personnelle de l'un des textes du corpus.

→ **Les caractéristiques générales du texte.** Une première lecture doit définir ses caractéristiques : genre, contexte (auteur, mouvement), thème, registre.

→ **L'analyse stylistique.** Une lecture minutieuse recherche ce qui fait l'originalité du texte. Il s'agit de porter son attention sur le système énonciatif, les réseaux lexicaux, la composition et la logique interne, les procédés stylistiques, le rythme et les sonorités de la phrase ou du vers.

→ **Le choix d'un parcours de lecture.** Pour les séries technologiques, l'énoncé du sujet indique les pistes de lecture à suivre. Pour les séries générales, le candidat dégage deux ou trois pistes de lecture à partir de son analyse.

2. Élaborer le plan détaillé du commentaire

Le plan est essentiel, car il permet d'organiser le parcours de lecture autour d'une problématique qui détermine les centres d'intérêt du texte analysé.

→ **La problématique générale du texte.** Il faut rédiger au brouillon, en une ou deux phrases, ce qui constitue l'originalité du texte. Cette problématique générale guidera la construction du plan, des pistes de lecture à la conclusion.

→ **La construction du plan.** Les grandes parties doivent comporter deux ou trois sous-parties qui développeront chacune un aspect de la piste de lecture choisie (séries générales) ou imposée (séries technologiques). Ces sous-parties renvoient au texte par des citations qui illustrent les différents points abordés.

3. Préparer l'enchaînement logique des parties

Des termes d'articulation entre les parties et sous-parties soulignent la progression du commentaire : ces termes marquent l'addition (de plus, ...), l'opposition (cependant, ...), la conséquence (ainsi, ...), la comparaison (de même, ...).

Vérifiez votre brouillon

- **La problématique générale** qui guide le plan est-elle clairement identifiée et formulée en quelques mots ?
- **Le titre de chaque grande partie** indique-t-il la piste de lecture ?
- **L'idée directrice de chaque sous-partie** est-elle mise en évidence ? Des renvois au texte sont-ils indiqués ?
- **La progression des idées** est-elle bien soulignée par la numérotation des grandes parties et des sous-parties et des termes d'articulation logique ?

Sujet (Extrait)

OBJET D'ÉTUDE Le personnage de roman, du XVIIe siècle à nos jours

Vous commenterez le texte en vous appuyant sur les pistes de lecture suivantes : une remise en question du dialogue amoureux; un personnage étrange.

Meursault, employé de bureau, s'est engagé dans une relation amoureuse avec Marie rencontrée depuis peu au bord de la plage.

Le soir, Marie est venue me chercher et m'a demandé si je voulais me marier avec elle. J'ai dit que cela m'était égal et que nous pourrions le faire si elle le voulait. Elle a voulu savoir alors si je l'aimais. J'ai répondu comme je l'avais déjà fait une fois, que cela ne signifiait rien mais que sans doute je ne l'aimais pas. « Pourquoi m'épouser alors ? » a-t-elle dit. Je lui ai expliqué que cela n'avait aucune importance et que si elle le désirait, nous pouvions nous marier. D'ailleurs, c'était elle qui le demandait et moi je me contentais de dire oui. Elle a observé alors que le mariage était une chose grave. J'ai répondu : « Non. » Elle s'est tue un moment et elle m'a regardé en silence. Puis elle a parlé. Elle voulait simplement savoir si j'aurais accepté la même proposition venant d'une autre femme, à qui je serais attaché de la même façon. J'ai dit : « Naturellement. » Elle s'est demandée alors si elle m'aimait et moi, je ne pouvais rien savoir sur ce point. Après un autre moment de silence, elle a murmuré que j'étais bizarre, qu'elle m'aimait sans doute à cause de cela mais que peut-être un jour je la dégoûterais pour les mêmes raisons. Comme je me taisais, n'ayant rien à ajouter, elle m'a pris le bras en souriant et elle a déclaré qu'elle voulait se marier avec moi.

ALBERT CAMUS, *L'Étranger*, Gallimard, 1942.

Le plan du commentaire (extraits)

Problématique : Comment ce dialogue amoureux remet-il en cause la conception traditionnelle du personnage de roman ?

I. Une remise en question du dialogue amoureux

1. Les étapes du dialogue

Alternance des discours direct et indirect
Le jeu des silences et des non-dits (jusqu'à l'acceptation finale)

2. Le refus des rites et les contradictions

L'inversion des rôles (c'est *elle* qui agit) et des valeurs (« cela m'était égal »)
Les contradictions de Marie : négation d'un problème évident.

II. Un personnage étrange et singulier

1. Une narration énigmatique

Le récit d'un indifférent (manque d'émotions)
Un compte rendu sec et passif (absence de sentiments et d'actions)

2. Une remise en cause du héros de roman

Un personnage impénétrable
Une situation absurde mais jugée normale

EXERCICES

Exercice 1

1. Identifiez les caractéristiques générales du poème.

2. Repérez l'objet d'étude et les éléments qui orientent l'analyse.

Horloge d'où s'élançait l'heure
Vibrante en passant dans l'or pur,
Comme l'oiseau qui chante ou pleure
Dans un arbre où son nid est sûr,
Ton haleine égale et sonore
Dans le froid cadran ne bat plus :
Tout s'éteint-il comme l'aurore
Des beaux jours qu'à ton front j'ai lus ?

MARCELINE DESBORDES-VALMORE, « L'horloge arrêtée », *Élégies*, 1825.

Exercice 2

1. Identifiez les caractéristiques générales des deux extraits suivants.

2. Repérez l'objet d'étude et les éléments qui orientent l'analyse.

TEXTE A

MAJORIN, *se promenant avec impatience.* – Ce Perrichon n'arrive pas ! Voilà une heure que je l'attends... C'est pourtant bien aujourd'hui qu'il doit partir pour la Suisse avec sa femme et sa fille... *(Avec amertume.)* Des carrossiers qui vont en Suisse ! Des carrossiers qui ont quarante mille livres de rentes ! Des carrossiers qui ont voiture ! Quel siècle ! Tandis que moi, je gagne deux mille quatre cents francs... un employé laborieux, intelligent, toujours courbé sur son bureau... Aujourd'hui, j'ai demandé un congé... j'ai dit que j'étais de garde...

EUGÈNE LABICHE, *Le Voyage de Monsieur Perrichon*, 1860.

TEXTE B

Tant qu'il existera, par le fait des lois et des mœurs, une damnation sociale créant artificiellement, en pleine civilisation, des enfers et compliquant d'une fatalité humaine la destinée qui est divine ; tant que les trois problèmes du siècle, la dégradation de l'homme par le prolétariat[1], la déchéance de la femme par la faim, l'atrophie[2] de l'enfant par la nuit, ne seront pas résolus ; tant que, dans certaines régions, l'asphyxie sociale sera possible ; en d'autres termes, et à un point de vue plus étendu encore, tant qu'il y aura sur la terre ignorance et misère, des livres de la nature de celui-ci pourront ne pas être inutiles.

VICTOR HUGO, *note liminaire des Misérables*, 1862.

1. Prolétariat : ensemble des personnes qui ne perçoivent qu'un faible salaire en contrepartie de leur travail. **2. Atrophie :** l'arrêt de la croissance.

Exercice 3

1. Identifiez les caractéristiques générales du poème.

2. Analysez la construction de ce texte de Ronsard en étudiant :
a) la composition du sonnet ; **b) le système énonciatif ;**
c) les réseaux lexicaux ; **d) les principales figures de style.**

Je n'ai plus que les os, un squelette je semble,
Décharné, dénervé, démusclé, dépoulpé,
Que le trait[1] de la mort sans pardon a frappé ;
Je n'ose voir mes bras que de peur je ne tremble.

Apollon[2] et son fils, deux grands maîtres ensemble,
Ne me sauraient guérir, leur métier m'a trompé ;
Adieu, plaisant soleil ! mon œil est étoupé,
Mon corps s'en va descendre où tout se désassemble.

Quel ami, me voyant en ce point dépouillé,
Ne remporte au logis un œil triste et mouillé,
Me consolant au lit et me baisant la face,

En essuyant mes yeux par la mort endormis ?
Adieu, chers compagnons ! Adieu, mes chers amis !
Je m'en vais le premier vous préparer la place.

PIERRE DE RONSARD, *Derniers Vers*, 1586.

1. **Le trait :** la flèche.
2. **Apollon :** dieu de la beauté chez les Grecs.

Exercice 4

1. Identifiez l'objet d'étude auquel renvoie chacun des sujets suivants.

2. Quels parcours de lecture est indiqué pour chaque sujet ?

3. Formulez en une phrase la problématique suggérée par les pistes de lecture.

A. Vous commenterez le poème de Victor Hugo. Vous étudierez comment le souvenir se nourrit de l'évocation des sens et la fonction que le poète attribue à la poésie.

B. Vous commenterez l'extrait de Marivaux en étudiant :
a. Les rapports de force entre les personnages et le jeu des didascalies.
b. Le renversement des valeurs par l'habileté du domestique.

C. Vous commenterez le début du roman de Flaubert. Vous pourrez étudier la façon dont le narrateur met en valeur ses personnages et comment il donne, à travers leur portrait, une image de la société de son époque.

D. Vous commenterez le texte C en analysant les procédés qui soulignent la critique des abus tout en justifiant le rôle de la noblesse dans la société.

Exercice 5

OBJET D'ÉTUDE Le texte théâtral et sa représentation

1. Quelles pistes de lecture rendent compte de l'originalité du texte ?

2. Dégagez la problématique qui pourrait guider le parcours de lecture de l'extrait.

LISETTE. – Oui, vous voilà fort bien déguisé, et avec cet habit-là, vous disant mon cousin, je crois que vous pouvez paraître ici en toute sûreté ; il n'y a que votre air qui n'est pas trop d'accord avec la livrée[1].

ERASTE. – Il n'y a rien à craindre ; je n'ai pas même, en entrant, fait mention de notre parenté. J'ai dit que je voulais te parler, et l'on m'a répondu que je te trouverais ici, sans m'en demander davantage.

LISETTE. – Je crois que vous devez être content du zèle avec lequel je vous sers : je m'expose à tout, et ce que je fais pour vous n'est pas trop dans l'ordre ; mais vous êtes un honnête homme ; vous aimez ma jeune maîtresse, elle vous aime ; je crois qu'elle sera plus heureuse avec vous qu'avec celui que sa mère lui destine, et cela calme un peu mes scrupules.

ERASTE. – Elle m'aime, dis-tu ? Lisette, puis-je me flatter d'un si grand bonheur ? Moi qui ne l'ai vue qu'en passant dans nos promenades, qui ne lui ai prouvé mon amour que par mes regards, et qui n'ai pu lui parler que deux fois pendant que sa mère s'écartait avec d'autres dames ! elle m'aime ?

MARIVAUX, *L'École des mères*, scène 1, 1732.

1. **La livrée** : costume de domestique.

Pistes de lecture :
- un dialogue et un jeu comiques
- les caractéristiques d'une scène d'exposition classique
- le temps et le lieu de la représentation
- le développement d'un dialogue argumentatif
- la mise en place d'une intrigue amoureuse
- une remise en cause des genres théâtraux
- une réflexion politique et sociale

Exercice 6

OBJET D'ÉTUDE Écriture poétique et quête du sens

Le plan de commentaire qui suit porte sur le sonnet de Ronsard (exercice 3).

1. Complétez-le en apportant arguments, citations, procédés de style.

2. Reliez chaque partie ou sous-partie au moyen d'un terme d'articulation.

I. Le portrait sinistre d'un vieillard
1. Déchéance physique poignante
2. Angoisse face à l'approche de la mort

II. Un poème d'espoir
1. L'acceptation calme de la mort
2. Un hommage à l'amitié

Préparation

1. Après avoir déterminé les caractéristiques générales du texte, faites son analyse littéraire.
2. Dégagez la problématique suggérée par les pistes de lecture.
3. Proposez pour chaque piste de lecture deux sous-parties qui la développent. Nourrissez vos sous-parties au moyen de l'analyse effectuée.

Rédaction

4. Mettez votre plan au net en utilisant des termes d'articulation.

Objet d'étude : Le personnage de roman, du XVIIe siècle à nos jours

Sujet : Vous commenterez cet extrait de roman en vous appuyant sur les pistes de lecture suivantes :
– Un décor à la fois mouvant et vivant.
– Un personnage mystérieux, en harmonie avec le paysage.

En septembre 1939, l'élève officier Grange rejoint la caserne où il est affecté, dans les Ardennes.

Depuis que son train avait passé les faubourgs et les fumées de Charleville, il semblait à l'aspirant Grange que la laideur du monde se dissipait : il s'aperçut qu'il n'y avait plus en vue qu'une seule maison. Le train, qui suivait la rivière lente, s'était enfoncé d'abord entre de médiocres épaulements de collines couverts de fougères et d'ajoncs. Puis, à chaque coude de la rivière, la vallée s'était creusée, pendant que le ferraillement du train dans la solitude rebondissait contre les falaises, et qu'un vent cru, déjà coupant dans la fin d'après-midi d'automne, lui lavait le visage quand il passait la tête par la portière. La voie changeait de rive capricieusement, passait la Meuse sur des ponts faits d'une seule travée de poutrages de fer, s'enfonçait par instants dans un bref tunnel à travers le col d'un méandre[1]. Quand la vallée reparaissait, toute étincelante de trembles[2] sous la lumière dorée, chaque fois la gorge s'était approfondie entre ses deux rideaux de forêt, chaque fois la Meuse semblait plus lente et plus sombre, comme si elle eût coulé sur un lit de feuilles pourries. Le train était vide ; on eût dit qu'il desservait ces solitudes pour le seul plaisir de courir dans le soir frais, entre les versants de forêts jaunes qui mordaient de plus en plus haut sur le bleu très pur de l'après-midi d'octobre ; le long de la rivière, les arbres dégageaient seulement un étroit ruban de prairie, aussi nette qu'une pelouse anglaise. « C'est un train pour le domaine d'Arnhem », pensa l'aspirant, grand lecteur d'Edgar Poe.

JULIEN GRACQ, *Un balcon en forêt*, José Corti, 1958.

1. Méandre : lacet, détour. **2. Trembles :** variété d'arbres.

MÉTHODE

Rédiger le commentaire

Après avoir établi le plan du commentaire, il faut rédiger. Un brouillon clair et précis facilite la rédaction. Une présentation soignée rend visible la construction du devoir : des blancs séparent chaque grande partie ; un alinéa signale le début de chaque paragraphe.

1. Rédiger l'introduction

L'introduction se présente sous la forme d'un seul paragraphe. Mais elle comporte trois étapes essentielles.

→ **La présentation du texte.** Elle évoque l'auteur, son œuvre, le mouvement littéraire auquel il est lié.

→ **La problématique.** Elle présente les principaux aspects du texte (son genre, sa construction, etc.) et introduit le problème qui oriente le parcours de lecture.

→ **L'annonce du plan.** Elle montre comment le commentaire est organisé. On a intérêt à consacrer une phrase à chaque partie.

2. Rédiger la conclusion

La conclusion se présente elle aussi sous la forme d'un paragraphe. Elle laissera une dernière impression au lecteur. Elle comporte deux étapes.

→ **Le bilan du parcours de lecture.** On rappelle d'abord les réponses données aux questions posées à la fin de l'introduction en résumant le parcours de lecture suivi.

→ **L'élargissement.** On apporte ensuite une réflexion : réflexion personnelle sur l'œuvre de l'auteur, le mouvement littéraire ou l'évolution du genre.

3. Rédiger le développement

Le développement se présente sous la forme de deux ou trois grandes parties, reliées par une transition et comprenant chacune deux ou trois paragraphes.

→ **Les grandes parties.** Chaque partie commence par la formulation d'une piste de lecture définie par le sujet ou choisies pour le plan. Elle développe ensuite les idées directrices des sous-parties, sous la forme de paragraphes rédigés, incluant l'analyse littéraire et des citations du texte. Chaque partie se termine par la reformulation de l'idée directrice. On essaie de varier les formules pour éviter la lourdeur des répétitions.

→ **Les transitions.** La transition est une phrase ou une formule qui permet de passer d'une partie à l'autre. Articulation essentielle, elle souligne la logique de la construction du commentaire. Elle met en valeur la partie qu'elle annonce.

Vérifiez votre rédaction

- **La problématique générale** qui guide le parcours de lecture est-elle clairement formulée dans l'introduction ?
- **Chaque grande partie** commence-t-elle par indiquer la piste de lecture suivie ?
- **Les paragraphes** font-ils apparaître des citations et le lexique de l'analyse littéraire ?
- **La conclusion** fait-elle le bilan du parcours de lecture suivi ?

Sujet (Extrait)

OBJET D'ÉTUDE Le personnage de roman, du XVIIe siècle à nos jours

Vous commenterez l'extrait de *L'Étranger*, d'Albert Camus, en vous appuyant sur les pistes de lecture suivantes :
– Une remise en question du dialogue amoureux ;
– Un personnage étrange et singulier.

Le plan du commentaire figure à la page 119.

Début du commentaire

Romancier, philosophe, dramaturge, Albert Camus devient célèbre grâce à L'Étranger, publié en 1942. Le roman doit son titre au personnage principal, Meursault, bien étrange en effet dans ce passage, devant celle qui lui demande de l'épouser. Là où le lecteur s'attend à un dialogue passionné, il ne trouve qu'un échange de paroles de pure forme, comme si le héros n'acceptait pas le rôle attribué par l'auteur. Nous verrons donc ainsi dans un premier temps comment ce passage remet en cause la tradition du dialogue amoureux, puis, dans un second temps, comment le narrateur apparaît comme un personnage singulier, très différent des héros traditionnels.

D'emblée, l'extrait proposé par le sujet se présente comme un dialogue difficile entre deux êtres qui ont du mal à communiquer. Ce dialogue est rapporté par l'un des interlocuteurs, Meursault, qui est aussi le narrateur du roman, et, dès la première phrase, le lecteur est surpris : « Ce soir, Marie est venue me chercher et m'a demandé si je voulais me marier avec elle. » (l. 1-2). Le ton est sec, plus attentif à la succession chronologique des événements qu'à l'annonce qui est ainsi faite. Cette présence du discours indirect domine et le lecteur ne saura jamais comment la demande en mariage a été effectivement prononcée, mais la réponse, elle, est implacable : « J'ai dit que cela m'était égal » (l. 2). Les rares paroles rapportées directement soulignent la surprise de Marie devant l'absence de sentiments de son « amoureux », ou les dénégations de celui-ci devant les timides objections de la jeune femme.

EXERCICES

Exercice 1

OBJET D'ÉTUDE **La question de l'Homme dans les genres de l'argumentation**

Retrouvez les trois étapes de l'introduction suivante : la présentation du texte, la problématique, l'annonce du plan.

Tout au long de sa vie, Voltaire invite son lecteur à se défaire des préjugés de son époque. Le philosophe symbolise l'esprit des Lumières, qui dénonce les abus, les préjugés et le fanatisme. S'inspirant des contes orientaux, *Candide* lui permet d'aborder de manière plaisante les questions les plus graves. Ainsi, jeté dans l'aventure au cours d'un long périple, le héros découvre tour à tour les atrocités de la guerre, les injustices, ou, comme dans cet épisode, la cruauté du fanatisme. Quels aspects du fanatisme religieux Voltaire dénonce-t-il à travers les mésaventures de son jeune héros ? Comment l'ironie est-elle utilisée pour combattre ses adversaires et mettre le lecteur de son côté ?

Exercice 2

OBJET D'ÉTUDE **Le personnage de roman**

1. **Repérez dans le texte suivant les éléments qui répondent au parcours de lecture proposé par le sujet.**
2. **Rédigez l'introduction au commentaire.**

Commentaire : Vous commenterez ce début de roman de Balzac en vous aidant du parcours de lecture suivant :
– La mise en place d'un décor réaliste.
– L'apparition d'un personnage désorienté.

Au début du Chef d'œuvre inconnu *de Balzac, le jeune Nicolas Poussin se rend chez le peintre Porbus.*

Vers la fin de l'année 1612, par une froide matinée de décembre, un jeune homme dont le vêtement était de très mince apparence, se promenait devant la porte d'une maison située rue des Grands-Augustins, à Paris. Après avoir assez longtemps marché dans cette rue avec l'irrésolution d'un amant qui n'ose se présenter chez sa première maîtresse, quelque facile qu'elle soit, il finit par franchir le seuil de cette porte, et demanda si maître François PORBUS était en son logis. Sur la réponse affirmative que lui fit une vieille femme occupée à balayer une salle basse, le jeune homme monta lentement les degrés[1], et s'arrêta de marche en marche, comme quelque courtisan de fraîche date, inquiet de l'accueil que le roi va lui faire. […]. Le jeune homme éprouvait cette sensation profonde qui a dû faire vibrer le cœur des grands artistes quand, au fort de la jeunesse et de leur amour pour l'art, ils ont abordé un homme de génie ou quelque chef-d'œuvre.

HONORÉ DE BALZAC, *Le Chef-d'œuvre inconnu*, 1831.

1. **Les degrés :** les marches.

Exercice 3 OBJET D'ÉTUDE Le personnage de roman

1. Faites toutes les critiques qui vous semblent nécessaires sur la conclusion suivante, qui correspond à celle d'un commentaire du texte de Balzac (exercice 2).

2. Proposez une autre conclusion, en vous aidant des éléments fournis.

Conclusion à analyser

Qu'est-ce qui pousse vraiment ce personnage vers maître François Porbus ? Le lecteur ne le saura pas car il reste devant la porte en hésitant longuement. Mais on sent qu'il doit être un artiste amoureux. Pour moi, Balzac reste cependant un grand écrivain réaliste du XIXe siècle. C'est pourquoi il a écrit *La Comédie humaine* et de nombreux autres romans qui passionnent le lecteur.

Éléments de réponse

– Début de roman = cadre spatio-temporel (époque/lieu) • décor réaliste représentant le Paris du XVIIe siècle : roman historique.
– Personnage désorienté et hésitant = moment important de son existence • élévation vers un idéal (escalier) artistique ou moral.
– Personnage principal = artiste • Balzac lui-même à ses début ? Apprentissage de l'art et de la Comédie humaine.

Exercice 4 OBJET D'ÉTUDE Écriture poétique et quête du sens

Rédigez un paragraphe de commentaire du texte suivant en vous aidant des indications fournies. Vous choisirez quatre citations à insérer dans le paragraphe.

Marine

Les chars d'argent et de cuivre –
Les proues d'acier et d'argent –
Battent l'écume, –
Soulèvent les souches des ronces.
Les courants de la lande,
Et les ornières immenses du reflux,
Filent circulairement vers l'est,
Vers les piliers de la forêt, –
Vers les fûts de la jetée,
Dont l'angle est heurté par des tourbillons de lumière.

ARTHUR RIMBAUD, *Illuminations*, 1872.

Éléments de réponse pour la rédaction du paragraphe :

– Idée développée : poème bref et surprenant : superposition de deux paysages.
– Arguments : lexique de la mer et de la terre mêlés, parallélismes, rôle des tirets.
– Conclusion partielle : monde instable, où terre et mer se confondent.

EXERCICES

Exercice 5

OBJET D'ÉTUDE **Le texte théâtral et sa représentation**

1. Sur quels aspects de la vraisemblance nécessaire à la représentation théâtrale Nicolas Boileau rend-il le lecteur sensible?

2. Rédigez un paragraphe de commentaire sur cet aspect du texte, en insérant les citations que vous jugerez nécessaires.

Que le lieu de la Scène y soit fixe et marqué.
Un rimeur, sans péril, delà les Pyrénées[1],
Sur la scène en un jour renferme des années.
Là, souvent, le héros d'un spectacle grossier,
Enfant au premier acte, est barbon[2] au dernier.
Mais nous, que la raison à ses règles engage,
Nous voulons qu'avec art l'action se ménage;
Qu'en un lieu, qu'en un jour, un seul fait accompli
Tienne jusqu'à la fin le théâtre rempli.
Jamais au spectateur n'offrez rien d'incroyable
Le vrai peut quelquefois n'être pas vraisemblable.

NICOLAS BOILEAU, *Art poétique*, 1674.

1. **Delà les Pyrénées**: en Espagne.
2. **Barbon**: vieillard.

Exercice 6

OBJET D'ÉTUDE **La question de l'Homme dans les genres de l'argumentation, du XVIe siècle à nos jours**

1. Par quels procédés de l'éloquence oratoire Bossuet rend-il attentif son auditoire?

2. Rédigez un paragraphe de commentaire sur cet aspect du texte.

Ô nuit désastreuse! ô nuit effroyable, où retentit tout à coup, comme un éclat de tonnerre, cette étonnante nouvelle: Madame[1] se meurt! Madame est morte! Qui de nous ne se sentit frappé à ce coup, comme si quelque tragique accident avait désolé sa famille? Au premier bruit d'un mal si étrange, on accourut à Saint-Cloud de toutes parts; on trouve tout consterné, excepté le cœur de cette princesse. Partout on entend des cris; partout on voit la douleur et le désespoir, et l'image de la mort. Le Roi, la Reine, Monsieur[2], toute la cour, tout le peuple, tout est abattu, tout est désespéré.

BOSSUET, *Oraison funèbre d'Henriette d'Angleterre*, prononcée le 21 août 1670.

1. **Madame**: Henriette d'Angleterre, épouse du frère du roi Louis XIV, morte brutalement à vingt-six ans.
2. **Monsieur**: le frère du roi.

OBJET D'ÉTUDE :
Écriture poétique et quête du sens, du Moyen Âge à nos jours

Préparation

1. **Faites l'analyse littéraire du poème.**

2. **Complétez le plan proposé.**

Rédaction

3. **Rédigez l'intégralité du commentaire en respectant le plan complété.**

Spleen

Tout m'ennuie aujourd'hui. J'écarte mon rideau.
En haut ciel gris rayé d'une éternelle pluie.
En bas la rue où dans une brume de suie
Des ombres vont, glissant parmi les flaques d'eau.

Je regarde sans voir fouillant mon vieux cerveau,
Et machinalement sur la vitre ternie
Je fais du bout du doigt de la calligraphie.
Bah ! sortons, je verrai peut-être du nouveau.

Pas de livres parus. Passants bêtes. Personne.
Des fiacres, de la boue, et l'averse toujours...
Puis le soir et le gaz et je rentre à pas lourds...

Je mange, et bâille, et lis, rien ne me passionne...
Bah ! Couchons-nous. – Minuit. Une heure. Ah ! chacun dort !
Seul je ne puis dormir et je m'ennuie encor.

JULES LAFORGUE, « Spleen », 1880.

Résumé du parcours de lecture

Laforgue, hanté par le mal de vivre, raconte dans ce sonnet une journée ordinaire sous le signe de l'ennui. Mais il renouvelle le thème baudelairien du spleen par un parti pris de prosaïsme (refus du vers classique) et par la dérision.

Plan du commentaire

I. Une journée marquée par l'ennui

1. Cadre temporel/structure du sonnet
2. Facteurs favorisant le spleen
3. Tentatives pour remédier au spleen = échec

Transition : Ces échecs répétés pour sortir du spleen pourraient sembler pathétiques. Cependant, au lieu de la plainte chère aux romantiques, le poète choisit de traiter sur le ton de l'humour et de l'autodérision son mal de vivre.

II. Le spleen selon Laforgue

1. Décalage parodique par rapport à Baudelaire (angoisse, lassitude, moquerie)
2. Inscription du spleen dans la banalité quotidienne
3. Ton détaché, grandiloquence, emphase poétique

SUJET DU BAC

Durée de l'épreuve : 4 heures

CORPUS

TEXTE A → Étienne Jodelle, « Sonnet », *Les Amours* (1549).
TEXTE B → Victor Hugo, « Parfois, lorsque tout dort... », *Les Feuilles d'automne* (1830).
TEXTE C → Pierre Reverdy, « Tard dans la vie », *La Liberté des mers* (1959).

OBJET D'ÉTUDE **Écriture poétique et quête du sens, du Moyen Âge à nos jours**

TEXTE A

Comme un qui s'est perdu dans la forêt profonde
Loin des chemins, d'orée, et d'adresse, et de gens ;
Comme un qui en la mer grosse d'horribles vents
Se voit presque englouti des grands vagues de l'onde,

Comme un qui erre aux champs, lorsque la nuit au monde
Ravit toute clarté, j'avais perdu longtemps
Voie, route et lumière, et presque avec les sens,
Perdu longtemps l'objet, où plus mon heur[1] se fonde.

Mais quand on voit, – ayant ces maux fini leur tour –
Aux bois, en mer, aux champs, le bout, le port, le jour,
Ce bien présent plus grand que son mal on vient croire.

Moi donc qui ai tout tel en votre absence été,
J'oublie, en revoyant votre heureuse clarté,
Forêts, tourmente, et nuit, longue, orageuse et noire.

Étienne Jodelle, « Sonnet », *Les Amours*, 1549.

1. **Mon heur** : mon bonheur.

TEXTE B

Parfois, lorsque tout dort, je m'assieds plein de joie
Sous le dôme étoilé qui sur nos fronts flamboie ;
J'écoute si d'en haut il tombe quelque bruit ;
Et l'heure vainement me frappe de son aile
Quand je contemple, ému, cette fête éternelle
Que le ciel rayonnant donne au monde la nuit !

Souvent alors j'ai cru que ces soleils de flamme
Dans ce monde endormi n'échauffaient que mon âme ;
Qu'à les comprendre seul j'étais prédestiné ;
Que j'étais, moi, vaine ombre obscure et taciturne,
Le roi mystérieux de la pompe nocturne ;
Que le ciel pour moi seul s'était illuminé !

VICTOR HUGO, « Parfois, lorsque tout dort... », *Les Feuilles d'Automne*, 1830.

TEXTE C

Tard dans la vie
Je suis dur
Je suis tendre
Et j'ai perdu mon temps
À rêver sans dormir
À dormir en marchant
Partout où j'ai passé
J'ai trouvé mon absence
Je ne suis nulle part
Excepté le néant
Mais je porte caché au plus haut des entrailles
À la place où la foudre a frappé trop souvent
Un cœur où chaque mot a laissé son entaille
Et d'où ma vie s'égoutte au moindre mouvement

PIERRE REVERDY, « Tard dans la nuit », *La Liberté des mers*, Flammarion, 1959.

Écriture

I. Vous répondrez d'abord à la question suivante (4 points) :

Analysez brièvement les différentes formes poétiques représentées dans ce corpus. Dites en quoi le texte C présente une rupture caractéristique de la poésie moderne.

II. Vous traiterez ensuite au choix un des sujets suivants (16 points) :

Commentaire : Vous commenterez le poème de Victor Hugo.

Dissertation : En vous appuyant sur les poèmes du corpus et ceux que vous avez étudiés durant l'année, vous vous demanderez quelles sont les relations entre la poésie et la réalité.

Invention : Après la lecture du corpus, vos préférences de lecteur vont à l'un de ces poèmes, qui correspond à votre conception de l'écriture poétique. Vous le choisissez pour qu'il fasse partie d'une anthologie de la poésie française, en indiquant dans une lettre à l'éditeur les raisons de votre choix.

LA DISSERTATION

La dissertation demande au candidat de rédiger un développement argumenté à partir d'une citation ou d'une question donnée. Il est donc nécessaire d'analyser précisément le sujet afin d'en dégager la problématique. La recherche d'idées, d'arguments et d'exemples peut ensuite commencer. Elle prend appui sur les textes du corpus, les objets d'étude de la classe de Première et les connaissances personnelles du candidat. On élabore alors le plan qui permet de développer au mieux son argumentation.

Lorsque le plan détaillé de la dissertation est clairement élaboré, le candidat rédige au brouillon l'introduction de son argumentation, puis son développement. Il s'agit de mettre en valeur l'idée directrice de chaque partie en l'appuyant sur deux ou trois paragraphes qui correspondent aux arguments choisis. Il faut également soigner les transitions qui soulignent la logique du raisonnement et l'enchaînement des idées.

Le candidat rédige ensuite la conclusion de la dissertation, de manière à répondre définitivement à la problématique du sujet.

MÉTHODE

Préparer la dissertation

Le sujet de dissertation se présente sous la forme d'une citation ou d'un point de vue qu'il s'agit d'analyser. L'analyse du sujet permet de dégager la problématique liée à l'objet d'étude du corpus. C'est cette problématique qui guide ensuite la construction du plan.

1. Analyser le sujet

Le sujet exprime un point de vue sur l'objet d'étude représenté dans le corpus au moyen d'une question ou d'une citation. C'est cette problématique que le candidat doit identifier. Pour analyser le sujet, il faut repérer les mots-clés.

> La lecture d'un texte théâtral suffit-elle ou est-il nécessaire d'assister à sa représentation ?

2. Rechercher des idées

→ **Mobiliser ses connaissances.** Il faut noter au brouillon les références littéraires (textes, œuvres, auteurs, mouvements culturels...), les idées ou les exemples issus des textes étudiés en classe, qui permettent de nourrir la réflexion.

→ **Exploiter le corpus.** Il faut relire les textes du corpus en fonction de la question posée. On repère les mots, les expressions et les phrases qui indiquent des pistes de réflexion et peuvent servir de citation.

3. Construire le plan

→ **Le plan en deux parties.** Chaque partie présente un point de vue différent et développe des arguments et des exemples. On commence généralement par étayer le point de vue du sujet pour ensuite en montrer les limites.

> **I.** La lecture suffit à apprécier une pièce de théâtre ;
> **II.** La représentation donne une autre vision de la pièce

→ **Le plan en trois parties.** La première partie explique et développe le point de vue exprimé par le sujet. La deuxième partie nuance ou conteste ce point de vue en montrant ses limites. La troisième partie propose une opinion personnelle qui concilie les points de vue opposés ou permet de poser autrement le problème.

> **I.** Le texte théâtral peut-être lu comme un texte autonome ;
> **II.** La représentation théâtrale est une transformation du texte en spectacle ;
> **III.** Le théâtre est à la fois texte et représentation, c'est là toute sa richesse.

Vérifiez votre plan

- **La problématique** est-elle clairement reformulée ?
- **Le plan** est-il équilibré (nombre égal de sous-parties dans chaque grande partie)?
- **Chaque grande partie** commence-t-elle par indiquer la piste de lecture suivie ?
- **Des connecteurs logiques** soulignent-ils la progression du raisonnement ?

Sujet (Extrait)

OBJET D'ÉTUDE **Le texte théâtral et sa représentation, du XVIIe siècle à nos jours**

La lecture d'un texte théâtral suffit-elle ou est-il nécessaire d'assister à sa représentation ? Vous répondrez à cette question à l'aide des textes du corpus et de vos connaissances personnelles.

Notes et plan

Le plan de la dissertation (extraits) :
Problématique : Le texte théâtral est-il autonome ou a-t-il besoin d'être vu joué sur scène pour prendre toute sa valeur ?

I. La lecture d'une pièce de théâtre est « suffisante »

1. La beauté du texte théâtral
Le texte théâtral est avant tout littéraire, voire poétique. Ex : les tragédies de Racine, les drames de Hugo (versification).

2. Le rôle des didascalies
Fonction informative des indications scéniques : décor, mouvements des personnages, mimiques, intonations... (Ex : texte B)

3. L'imagination du lecteur
Travail de l'imaginaire (théâtre = « spectacle dans un fauteuil » selon Musset). Le lecteur est comme le metteur en scène.

II. La représentation comme aboutissement du texte théâtral

1. Le théâtre comme lieu de l'émotion
Le mot « théâtre » renvoie d'abord à un lieu magique et au partage d'une émotion (spectacle collectif).

2. La présence sur scène des acteurs
Comédien = être de chair, qui donne vie au texte et aux personnages.
Emotion du rire (comédies de Molière) ou des larmes (tragédies).

3. Le rôle du metteur en scène
Mise en scène, étape du processus de création théâtrale :
– les grands dramaturges sont souvent metteurs en scène de leur propre texte (du XVIIe au XIXe)
– importance accrue des metteurs en scène « professionnels » au XXe siècle : Louis Jouvet, Patrice Chéreau.

Conclusion : Nécessité, au-delà de la lecture, d'assister à une représentation pour comprendre tout l'enjeu de ce genre littéraire.

EXERCICES

Exercice 1

Repérez dans les sujets de dissertations suivants les mots-clés qui permettent d'engager la réflexion.

Sujet A : À partir du corpus, de vos lectures et de votre expérience de spectateur, vous vous demanderez en quoi la mise en scène d'une œuvre théâtrale en constitue, à sa manière, une interprétation.

Sujet B : Préférez-vous les romans dont le héros est un personnage hors du commun ? Vous répondrez à cette question en prenant appui sur les textes du corpus, ceux que vous avez étudiés en classe et vos lectures personnelles.

Sujet C : Les genres de l'argumentation peuvent-ils contribuer efficacement à l'amélioration de la nature humaine ? Vous appuierez votre réflexion sur les textes du corpus, ainsi que sur vos connaissances littéraires et vos lectures personnelles.

Exercice 2

OBJET D'ÉTUDE **Le personnage de roman**

Laquelle des deux problématiques proposées à partir du sujet est celle qui convient ? Justifiez votre réponse.

Sujet : Pour de nombreux critiques, l'illusion romanesque repose avant tout sur la présence des personnages. Vous discuterez cette affirmation en fondant votre réflexion sur les textes du corpus, sur ceux que vous avez étudiés en classe et sur vos lectures personnelles.

Problématique A : Pourquoi ne pourrait-on pas critiquer les romans qui proposent des histoires fausses et des personnages totalement illusoires ?
Problématique B : Le personnage de roman suffit-il à donner l'impression de réalité qui caractérise le genre romanesque ?

Exercice 3

OBJET D'ÉTUDE **Le texte théâtral et sa représentation**

1. Quel est le point de vue exprimé dans le sujet suivant ?

2. Reformulez en une question la problématique du sujet.

Sujet A : On emploie parfois l'expression « créer un personnage » au sujet d'un acteur qui endosse le rôle pour la première fois. Selon vous, peut-on dire que c'est seulement l'acteur qui crée le personnage ? Vous répondrez en faisant référence aux textes du corpus, aux œuvres que vous avez vues ou lues, ainsi qu'à celles étudiées en classe.

Exercice 4 OBJET D'ÉTUDE Le personnage de roman

Pour répondre au sujet suivant, quels personnages de roman pourriez-vous citer en exemple ? Indiquez, à chaque fois, le siècle dont ils sont issus.

Sujet : Du XVIIe siècle à nos jours, le roman invente toujours de nouveaux héros exemplaires pour le lecteur. Vous développerez cette affirmation.

Exercice 5 OBJET D'ÉTUDE Écriture poétique et quête du sens

1. **Parmi les idées proposées à la suite du sujet, lesquelles permettent de répondre à la problématique ? Lesquelles sont hors sujet ?**
2. **Classez les idées utiles selon qu'elles étayent ou réfutent le sujet.**

Sujet : On dit souvent que la poésie est seulement l'expression de sentiments personnels. Vous discuterez ce point de vue.

Idées proposées :
– Depuis son apparition, la poésie exprime l'amour (Ex : Ronsard, Éluard)
– La poésie montre les qualités et les défauts des hommes (Ex : La Fontaine, Prévert)
– Le sonnet est la forme poétique la plus répandue (Ex : Ronsard, Valéry)
– Le poème recueille le souvenir des êtres disparus (Ex : « Le Lac » de Lamartine ; « Demain dès l'aube », de Victor Hugo)
– La poésie est éternelle (Brassens chantant Villon)
– Le lyrisme s'exprime surtout en poésie (la mélancolie, le regret, le temps qui passe)
– Le vers libre ne respecte plus les règles de la versification
– Le langage poétique est une interrogation des problèmes du monde (Ex : les poètes engagés)

Exercice 6 OBJET D'ÉTUDE La question de l'Homme dans les genres de l'argumentation

1. **Retrouvez dans vos connaissances des auteurs, des œuvres, des citations qui permettent de répondre au sujet.**
2. **Classez vos idées en deux grandes parties.**

Sujet : La fable, le conte philosophique et les différentes formes d'argumentation indirecte sont-ils simplement divertissants ou peuvent-ils éveiller la réflexion du lecteur ? Vous répondrez à cette question dans un développement argumenté.

Textes du corpus :
Texte A : Jean de la Fontaine, « L'Huître et les plaideurs », *Fables*, IX, 9, 1678.
Texte B : Voltaire, *Zadig*, 1747.
Texte C : Michel Tournier, « La fin de Robinson Crusoé », *Le coq de bruyère*, 1978.

Exercice 7

OBJET D'ÉTUDE La question de l'Homme dans les genres de l'argumentation

Lequel des deux plans suivants choisiriez-vous pour répondre à ce sujet de dissertation ? Justifiez votre réponse.

Sujet : L'essai, la fable, le conte philosophique, la lettre ouverte sont autant de formes que peut prendre l'argumentation. Laquelle vous paraîtrait la plus appropriée si vous deviez défendre les droits de l'homme aujourd'hui ? Vous répondrez à cette question en vous appuyant sur les textes du corpus et les œuvres étudiées en classe.

Plan 1

I. À l'âge classique, la fable et l'essai sont les genres argumentatifs dominants

1. Les Essais de Montaigne donnent une définition personnelle de l'homme
2. Les Fables de La Fontaine défendent les droits de l'homme (Ex : « Le Loup et l'Agneau »)
3. Mais il y a aussi d'autres genres argumentatifs : satire, pamphlets, sermons, etc.

II. Au siècle des Lumières, de nouvelles formes apparaissent

1. Le conte philosophique et la dénonciation de l'esclavage (Ex : Voltaire, Montesquieu)

III. La lettre ouverte au XXe en appelle à l'opinion publique

1. Apparition des intellectuels (Ex : Zola et l'Affaire Dreyfus)
2. Boris Vian refuse la guerre d'Algérie dans sa lettre ouverte (« Le Déserteur »).

Plan 2

I. Chaque époque privilégie l'argumentation pour défendre les droits de l'homme

1. Le contexte de l'écriture et de la publication (Ex : la censure, la monarchie)
2. Les goûts du lecteur (Ex : le plaisir des fables au XVIIe siècle)
3. Le renouvellement des genres et des formes (Ex : l'invention du conte philosophique au XVIIIe siècle)
4. Les genres argumentatifs ne cessent d'évoluer en gardant le même objectif.

II. Les genres argumentatifs doivent s'adapter à notre époque

1. De nombreuses formes ont vieilli (Ex : la fable et le conte philosophique)
2. D'autres restent actuelles (Ex : la lettre ouverte et l'essai)
3. L'évolution des médias oblige à inventer de nouvelles formes (Ex : la discussion sur Internet, les réseaux sociaux, etc.)

OBJET D'ÉTUDE :
Écriture poétique et quête du sens, du Moyen Âge à nos jours

Préparation

1. Analysez le sujet de dissertation suivant.

2. Déterminez la problématique du sujet. Quelles grandes parties du plan détermine-t-elle ?

3. Notez vos idées au brouillon, en vous aidant du texte et en faisant appel à vos connaissances personnelles. Classez-les dans vos deux ou trois grandes parties.

Rédaction

4. Rédigez le plan détaillé de la dissertation.

Sujet : Dans le *Dictionnaire égoïste de la littérature française*, Charles Dantzig affirme : « La poésie ne se trouve pas que dans les vers. » Vous discuterez son point de vue dans un développement argumenté.

Extrait du corpus :

Poésie : [...] La poésie n'existe pas à l'état naturel. Loin d'être un fait qui préexisterait à l'homme et que celui-ci découvrirait, elle est sa création et son triomphe. Quand Balzac parle de poésie du commerce, ce n'est pas qu'elle s'y trouve, c'est qu'il l'y met. Sa sensibilité lui fait transfigurer certains éléments du commerce que les autres ne regardaient même pas. La poésie est la forme supérieure de l'imagination. C'est pour cela qu'on la croit apparentée à la divination. Or, elle n'a rien à voir avec la Pythie, les mystères d'Eleusis, Dr Imbéné Ravalavanavano amour argent examens[1]. La poésie, c'est du travail. Il en résulte un chant faisant croire qu'elle se passe dans le ciel. Le poète marche sur une corde. Elle est posée par terre. La poésie ne se trouve pas que dans les vers. Elle est là où le talent la met. La poésie est le résultat de toute bonne littérature. Mallarmé[2] : « Mais, en vérité, il n'y a pas de prose » (réponse à l'Enquête de Jules Huret[3]). Le poème est l'objet ; la poésie, éventuellement, le résultat. La poésie est même le résultat de tout art réussi : un tableau est de la poésie, un beau vêtement bien porté est de la poésie, etc. Est poésie le résultat de toute activité humaine menée à bien. Un geste gracieux est de la poésie, un mouvement de troupe bien accompli est de la poésie.

Charles Dantzig, *Dictionnaire égoïste de littérature française*, Grasset & Fasquelle, 2005.

1. Tous les noms cités dans cette phrase sont ceux de devins ou de mages censés prédire l'avenir.
2. **Mallarmé :** poète symboliste.
3. **Jules Huret :** journaliste à *L'Écho de Paris* qui fait paraître, en 1891, une enquête sur la littérature.

MÉTHODE

Rédiger la dissertation

Une fois que le plan de la dissertation est mis au point, il faut passer à l'étape de la rédaction en respectant les règles de construction et de mise en forme de l'introduction, du développement et de la conclusion.

1. Rédiger l'introduction

L'introduction sous la forme d'un seul paragraphe, comporte trois phases.

→ **La mise en contexte du sujet.** Il s'agit d'ouvrir le devoir en situant le sujet par rapport à l'objet d'étude concerné, au thème abordé ou au contexte culturel.

→ **La mise en valeur de la problématique.** Pour souligner l'intérêt de la réflexion à mener, la phrase à discuter est reproduite et explicitée.

→ **L'annonce du plan.** Il faut indiquer les idées directrices des parties du développement de la dissertation, sous forme d'affirmations ou de questions.

2. Rédiger le développement

Le développement se présente sous la forme de deux ou trois grandes parties, constituées de deux ou trois paragraphes, reliées au moyen de transitions.

→ **L'organisation des paragraphes.**

– **L'argument.** Chaque paragraphe développe un argument clairement affirmé dès la première phrase qui valide l'idée directrice de la grande partie.
– **Les explications.** L'argument est complété par des explications qui reposent sur le travail effectué en classe et les connaissances sur l'objet d'étude.
– **Les exemples et les citations.** Les exemples renvoient à un auteur, une œuvre ou un mouvement. Les citations, entre guillemets, sont puisées dans les textes du corpus ou dans les connaissances personnelles.

→ **L'enchaînement des paragraphes.**

– **Les liens logiques entre les paragraphes.** Les paragraphes sont reliés par des termes d'articulation qui soulignent l'enchaînement des idées
– **Les transitions entre les parties.** La fin de chaque grande partie résume l'idée défendue, puis annonce l'idée à venir dans la partie suivante.

3. Rédiger la conclusion

La conclusion fait le bilan de l'argumentation avant un élargissement.

→ **Le bilan de l'argumentation.** Le début de la conclusion résume les réponses apportées à la problématique du sujet.

→ **L'élargissement de la problématique.** La fin de la conclusion affirme un point de vue personnel qui élargit la problématique à un nouveau débat.

Vérifiez votre rédaction

- **La présentation de la copie** permet-elle de voir clairement l'introduction, le développement, la conclusion, à travers les alinéas de vos paragraphes et les blancs qui séparent les grandes étapes de votre dissertation ?
- **La syntaxe et l'orthographe** sont-elles là pour éviter les phrases sans verbe, la multiplication des subordonnées, les répétitions de mots, le vocabulaire familier ?

Sujet (Extrait)

OBJET D'ÉTUDE Le texte théâtral et sa représentation, du XVIIe siècle à nos jours

La lecture d'un texte théâtral suffit-elle ou est-il nécessaire d'assister à sa représentation ? Vous répondrez à cette question à l'aide des textes du corpus et de vos connaissances.

Le plan de la dissertation est donné page 135.

Réponse rédigée

(Fin de la deuxième grande partie et conclusion)

Vivants, présents, avec leur visage et leur corps, avec leur voix et leurs gestes, les acteurs donnent chair au texte. L'humour, l'ironie, la colère passent par un geste ou une intonation. Comme les didascalies paraissent pauvres, confrontées à la réalité du jeu théâtral ! Les coups de bâton chez Molière, les coups de théâtre dans la tragédie, les quiproquos du théâtre de boulevard prennent tout leur intérêt quand on les voit joués par un acteur. Sa présence est indispensable, surtout s'il obéit aux indications du metteur en scène.

Depuis le début du XXe siècle, en effet, la place du metteur en scène est déterminante. Chaque représentation d'une pièce, aussi ancienne soit-elle, est l'occasion d'un dialogue entre le metteur en scène et l'auteur. C'est lui qui renouvelle le sens de la pièce aux yeux du public. C'est lui qui en rappelle un sens oublié. Il est ainsi un véritable « partenaire » de l'auteur ; il est à son tour un créateur qui, comme Louis Jouvet ou Patrice Chéreau, conduit le texte à son point d'aboutissement.

Aujourd'hui la multiplication des collections de poche et des bibliothèques permet à un grand nombre de lecteurs de lire des pièces de théâtre. Mais il ne faut pas oublier que ces pièces ont été écrites pour être jouées, et, c'est en assistant au spectacle qu'on peut apprécier pleinement une œuvre théâtrale. J'ai moi-même assisté à la représentation d'une pièce de Labiche, l'hiver d'hiver, et j'en garde un très bon souvenir. Il est vrai que des metteurs en scène de théâtre passent de nos jours derrière la caméra et adaptent au cinéma des pièces célèbres. Le film remplace-t-il alors le spectacle théâtral ? On peut en douter, car rien ne peut remplacer la présence physique des acteurs devant le public.

EXERCICES

Exercice 1

OBJET D'ÉTUDE | **Le texte théâtral et sa représentation**

Repérez les trois étapes de l'introduction correspondant au sujet suivant : la mise en contexte du sujet, la mise en valeur de la problématique, l'annonce du plan.

Sujet : En vous appuyant sur le corpus, vos lectures et votre expérience de spectateur, vous vous demanderez de quelles ressources spécifiques dispose le théâtre pour représenter les conflits qui existent dans les rapports humains.

Introduction

Lorsqu'on pense au théâtre, on pense immédiatement à l'importance du texte, à l'époque, aux lieux et aux personnages de l'action, aux situations que développe l'intrigue. Le texte théâtral, par sa construction particulière, apparaît en effet comme un moyen privilégié pour représenter les conflits entre les hommes et les tensions qui traversent la société à chaque époque. Mais au-delà du texte lui-même existent d'autres ressources spécifiques dont dispose le théâtre. Nous verrons dans un premier temps sur quoi repose l'originalité du texte théâtral pour mettre en valeur les conflits. Nous verrons ensuite comment la mise en scène du texte et sa représentation lui offrent des moyens supplémentaires pour représenter la nature humaine dans toute sa complexité.

Exercice 2

OBJET D'ÉTUDE | **Le personnage de roman**

En vous aidant des éléments de réponse apportés, rédigez l'introduction au sujet suivant.

Sujet : Dans un roman, l'évocation des lieux ne sert-elle qu'à apporter des informations sur le monde où évoluent les personnages ? Vous répondrez à cette question en vous appuyant sur les textes mis à votre disposition et sur les œuvres que vous avez lues ou étudiées.

Éléments de réponse :

La mise en contexte

Diversité des univers romanesques, roman reflet de la société d'une époque, importance capitale des personnages, ancrés dans un temps et un lieu.

La problématique

Rôle de la description ? uniquement informative ou autres rôles ?

L'annonce du plan

Le personnage mis en valeur par son milieu / le cadre du roman fondement d'un univers.

Exercice 3 OBJET D'ÉTUDE Écriture poétique et quête du sens

Repérez dans le paragraphe suivant : a) l'argument défendu ; b) les explications qui le valident ; c) les exemples et les citations qui l'illustrent.

La poésie exprime des sentiments intimes et personnels. De nombreux poètes traduisent ainsi leur mélancolie et leur angoisse. Le thème du temps qui passe traverse les siècles. C'est ainsi que dans ses *Regrets*, Du Bellay est hanté par la solitude et le souvenir de son pays natal : « Quand reverrai-je, hélas ! de mon petit village / Fumer la cheminée » ? Au XIXe siècle, dans *Romances sans paroles*, Verlaine apparaît à son tour comme un être profondément angoissé. Avec le célèbre « Il pleure dans mon cœur / Comme il pleut sur la ville », le poète emprisonné fait partager sa mélancolie au lecteur.

Exercice 4 OBJET D'ÉTUDE Le texte théâtral et sa représentation

Reconstituez ce paragraphe dans son ordre logique.

– *L'Avare* par exemple dénonce la cupidité et la perte des valeurs familiales.
– À travers ses comédies, Molière veut corriger les mœurs de ses contemporains.
– Molière représente dans ses comédies des hommes et des femmes de son temps, avec leurs défauts et leurs qualités.
– Au-delà de ses contemporains, ce sont les défauts propres à tous les hommes que combat la comédie par le rire.
– Chaque pièce est ainsi l'occasion de critiquer un défaut majeur.
– *Tartuffe* de son côté met en cause l'hypocrisie des faux dévots.

Exercice 5 OBJET D'ÉTUDE La question de l'Homme dans les genres de l'argumentation

Rédigez le paragraphe correspondant aux indications suivantes.

Argument : Fonction des genres de l'argumentation : éclairer les hommes sur les problèmes de société.
Explications : diversité des genres et des formes pour s'adapter au destinataire.
Citation à introduire : « On ne doit parler, on ne doit écrire que pour l'instruction », La Bruyère, préface des *Caractères* (1694).
Exemples : la fable, le conte philosophique, l'essai, etc.

Exercice 6

OBJET D'ÉTUDE **Le texte théâtral et sa représentation**

1. Repérez les deux étapes de la conclusion rédigée ci-dessous.

2. Quel est le plan qui a été suivi par le candidat ? Retrouvez-en les grandes parties en vous aidant de la conclusion.

Sujet : « Les aspects comiques d'une pièce de théâtre ne servent-ils qu'à faire rire ? Vous vous appuierez pour répondre à cette question sur les textes du corpus ainsi que sur les pièces que vous avez lues ou dont vous avez vu une représentation. »

Les pièces comiques au théâtre, comme nous l'avons vu, ont bien pour fonction de distraire le public, de déclencher les rires du spectateur, quelles que soient les formes que peut prendre le comique au cours de l'histoire. Cependant, derrière le rire se cache toujours la volonté de dénoncer les travers des hommes ou de faire la satire des mœurs et de la société. On pourrait ainsi être sensible à la présence d'une forme de tragique dans le portrait que Molière nous fait d'Harpagon ou dans les interventions burlesques de Sganarelle auprès de Dom Juan. C'est ce qu'ont bien compris les dramaturges contemporains, pour lesquels le comique et le tragique semblent souvent se confondre.

Exercice 7

OBJET D'ÉTUDE **La question de l'Homme dans les genres de l'argumentation**

1. Repérez les deux étapes de la construction de cette conclusion.

2. Quelle réponse apporte-t-elle à la problématique du sujet ?

3. Quel élargissement cette conclusion suggère-t-elle ?

La poésie, quand elle dépasse les artifices d'écriture et le jeu de société, révèle l'univers sensible de l'émotion et des sentiments, notamment celui de la révolte. Elle est dans ce sens, on l'a vu, aussi importante que l'exercice de l'esprit logique de la réflexion scientifique. En effet, les poètes nous indiquent – et nous prouvent – qu'une autre voix peut se faire entendre que celle des philosophes, fondée sur l'imagination, la générosité et l'espoir. Le poète a donc sa part, au même titre que le philosophe, dans la transformation du monde au service des Lumières. Rien d'étonnant donc, si les dictatures du XXe siècle ont emprisonné les poètes, qu'il s'agisse de Robert Desnos, Max Jacob ou Pablo Neruda.

OBJET D'ÉTUDE :
Le personnage de roman, du XVIIe siècle à nos jours

Préparation

1. **Analysez le sujet de dissertation suivant.**

2. **Déterminez la problématique du sujet.
Quelles grandes parties du plan détermine-t-elle ?**

3. **Notez vos idées au brouillon, en vous aidant des textes du corpus et en faisant appel à vos connaissances personnelles.**

4. **Construisez le plan de la dissertation**

Rédaction

5. **Rédigez l'introduction, le développement et la conclusion de votre dissertation.**

Sujet : L'unique fonction du personnage de roman est-elle d'être le miroir de la société dans laquelle il vit ? Vous répondrez en vous appuyant sur les textes du corpus et sur d'autres œuvres que vous avez lues ou étudiées.

TEXTE A

« Le roman, c'est un miroir que l'on promène le long d'un chemin. »

STENDHAL, *Le Rouge et le Noir*, 1830.

TEXTE B

« Comment vous appelez-vous ? dit le marquis. – Je m'appelle Tellmarch, et l'on m'appelle le Caimand. – Je sais. Caimand est un mot du pays. – Qui veut dire mendiant. On me surnomme aussi le Vieux. Il poursuivit : – Voilà quarante ans qu'on m'appelle le Vieux. – Quarante ans ! mais vous étiez jeune ? – Je n'ai jamais été jeune. Vous l'êtes toujours, vous, monsieur le marquis. Vous avez des jambes de vingt ans, vous escaladez la grande dune ; moi, je commence à ne plus marcher ; au bout d'un quart de lieue je suis las. Nous sommes pourtant du même âge ; mais les riches, ça a sur nous un avantage, c'est que ça mange tous les jours. Manger conserve. »

VICTOR HUGO, *Quatre-Vingt-treize*, 1874.

TEXTE C

« Aujourd'hui, un flot toujours grossissant nous inonde, d'œuvres littéraires qui prétendent encore être des romans et où un être sans contours, indéfinissable et invisible, un « je » anonyme qui est tout et qui n'est rien et qui n'est le plus souvent qu'un reflet de l'auteur lui-même, a usurpé le rôle du héros principal et occupe la place d'honneur. Les personnages qui l'entourent, privés d'existence propre, ne sont plus que des visions, rêves, cauchemars, illusions, reflets, modalités ou dépendances de ce « je » tout-puissant. »

NATHALIE SARRAUTE, *L'Ère du soupçon*, Gallimard, 1956.

SUJET DU BAC

Durée de l'épreuve : 4 heures

CORPUS

TEXTE A → Nicolas Boileau, *Art poétique*, chant III (1674).
TEXTE B → Jean Racine, *Andromaque*, Acte III, scène 8 (1667).
TEXTE C → Eugène Ionesco, *Rhinocéros*, Acte II, tableau II (1959).

OBJET D'ÉTUDE **Le texte théâtral et sa représentation, du XVIIe siècle à nos jours**

TEXTE A

Dans Art poétique, *Boileau s'impose comme le théoricien du théâtre classique, dont il rappelle ici les règles concernant la tragédie.*

Le secret est d'abord de plaire et de toucher :
Inventez des ressorts[1] qui puissent m'attacher.
Que dès les premiers vers l'action préparée
Sans peine du sujet aplanisse l'entrée.
Je me ris d'un acteur qui, lent à s'exprimer
De ce qu'il veut, d'abord[2] ne sait pas m'informer,
Et qui, débrouillant mal une pénible intrigue,
D'un divertissement me fait une fatigue. [...]
L'esprit ne se sent point plus vivement frappé,
Que lorsqu'en un sujet d'intrigue enveloppé,
D'un secret tout à coup la vérité connue
Change tout, donne à tout une face imprévue.

Nicolas Boileau, *Art poétique*, chant III, 1674.

1. **Des ressorts :** des situations et des péripéties.
2. **D'abord :** d'emblée.

TEXTE B

Après la guerre de Troie, Pyrrhus garde prisonnière la veuve d'Hector, Andromaque, ainsi que leur fils, Astyanax. Tombé amoureux d'Andromaque, il exerce sur elle un chantage : ou bien elle accepte de l'épouser, ou bien il sacrifie Astyanax. Andromaque confie à sa suivante Céphise le dilemme épouvantable auquel elle est confrontée.

Andromaque

Dois-je oublier Hector privé de funérailles,
Et traîné sans honneur autour de nos murailles ?
Dois-je oublier mon père à mes pieds renversé,
Ensanglantant l'autel qu'il tenait embrassé ?

Songe, songe, Céphise, à cette nuit cruelle
Qui fut pour tout un peuple une nuit éternelle ;
Figure-toi Pyrrhus les yeux étincelants,
Entrant à la lueur de nos palais brûlants ;
Sur tous mes frères morts se faisant un passage,
Et de sang tout couvert échauffant le carnage ;
Songe aux cris des vainqueurs, songe aux cris des mourants,
Dans la flamme étouffés, sous le fer[2] expirants ;
Peins-toi dans ces horreurs Andromaque éperdue :
Voilà comment Pyrrhus vint s'offrir à ma vue,
Voilà par quels exploits il sut se couronner,
Enfin voilà l'époux que tu me veux donner.
Non, je ne serai point complice de ses crimes ;
Qu'il nous prenne, s'il veut, pour ses dernières victimes.
Tous mes ressentiments lui seraient asservis.

CÉPHISE

Eh bien, allons donc voir expirer votre fils :
On n'attend plus que vous. Vous frémissez, Madame ?

ANDROMAQUE

Ah ! de quel souvenir viens-tu frapper mon âme !

JEAN RACINE, *Andromaque*, Acte III, scène 8, 1667.

1. Le fer : l'épée.

TEXTE C

Dans une petite ville de province, Béranger assiste en quelques jours à la métamorphose de tous les habitants en rhinocéros. Lui seul résiste aux ravages de cette épidémie.

BÉRANGER. – Je crois que vous passez par une crise morale. *(Depuis un instant, Jean parcourt la chambre, comme une bête en cage, d'un mur à l'autre. Béranger l'observe, s'écarte de temps en temps, légèrement, pour l'éviter. La voix de Jean est toujours de plus en plus rauque.)* Ne vous énervez pas, ne vous énervez pas.

JEAN. – Je me sentais mal à l'aise dans mes vêtements, maintenant mon pyjama aussi me gène ! *Il entrouvre et referme sa veste de pyjama.*

BÉRANGER. – Ah ! mais, qu'est-ce qu'elle a votre peau ?

JEAN. – Encore ma peau ? C'est ma peau, je ne la changerai certainement pas contre la vôtre.

BÉRANGER. – On dirait du cuir. [...]

JEAN. – Je m'en fiche. Brrr...

BÉRANGER. – Que dites-vous ?

JEAN. – Je ne dis rien. Je fais brrr… ça m'amuse.

BÉRANGER, *regardant Jean dans les yeux.* – Savez-vous ce qui est arrivé à Bœuf ?

JEAN. – Qu'est-il arrivé à Bœuf ?

BÉRANGER. – Il est devenu rhinocéros.

JEAN, *s'éventant avec les pans de sa veste.* – Brrr…

BÉRANGER. – Ne plaisantez plus, voyons.

JEAN. – Laissez-moi donc souffler. J'en ai bien le droit. Je suis chez moi.

BÉRANGER. – Je ne dis pas le contraire.

JEAN. – Vous faites bien de ne pas me contredire. J'ai chaud, j'ai chaud. Brrr… Une seconde. Je vais me rafraîchir.

EUGÈNE IONESCO, *Rhinocéros*, Acte II, tableau II, 1959.

Écriture

I. Vous répondrez d'abord aux questions suivantes (6 points) :

1. Quelle conception Boileau donne-t-il de la représentation théâtrale ? Montrez comment les textes B et C font écho à cette conception.

2. Commentez l'importance des didascalies dans le texte C.

II. Vous traiterez ensuite au choix un des sujets suivants (14 points) :

Commentaire : **Vous ferez le commentaire du texte de Racine (texte A) en vous appuyant sur le parcours de lecture suivant :**
– Vous montrerez comment l'héroïne se trouve enfermée dans un dilemme tragique.
– Vous étudierez en quoi cette scène est propre à susciter la pitié du spectateur.

Dissertation : **Comment la représentation théâtrale permet-elle de poser une interrogation sur les rapports entre les hommes ? Vous répondrez à cette question en vous appuyant sur les textes du corpus et ceux que vous avez étudiés durant l'année.**

Invention : **Le théâtre classique impose aux dramaturges de développer une seule action dans un lieu unique en l'espace d'une journée, afin d'assurer la vraisemblance de la pièce aux yeux du spectateur. Imaginez la préface d'une pièce de théâtre dont l'auteur se refuse à respecter ces conventions.**

L'ÉPREUVE ORALE

L'épreuve orale s'appuie sur le descriptif d'activités, qui expose l'ensemble des travaux menés en classe de Première. Celui-ci permet à l'examinateur d'y choisir un texte, accompagné d'une question portant sur l'un des aspects importants de ce texte.
L'examen se compose de deux parties de dix minutes chacune, précédées d'un temps de préparation d'une demi-heure.
Dans un premier temps, le candidat propose son analyse du texte en fonction de la question posée.
Dans un second temps, il répond aux questions posées par l'examinateur au cours de l'entretien.

MÉTHODE

Préparer l'exposé oral

Le candidat dispose de 30 minutes pour préparer son exposé. Le texte doit être analysé à partir de la question initiale, qui guide la construction de l'exposé. Le candidat doit aussi tenir compte du descriptif d'activités, qui oriente le choix de la question.

1. Analyser la question posée

→ **Les types de questions.** La question posée peut porter sur la construction du texte, sur l'intention de l'auteur (la visée), sur les caractéristiques du genre littéraire (objet d'étude). La question peut aussi attirer l'attention sur une partie du texte (titre, expression-clé, figure de style) qui éclaire l'ensemble.

→ **L'analyse de la question posée.** Elle indique une piste de réflexion sur le texte, qui va guider l'ensemble de l'exposé.

2. Étudier le texte en fonction de la question

→ **Les informations générales.** Une première relecture permet de noter les références du texte et ses grandes caractéristiques : auteur, mouvement, genre, construction, etc. Le paratexte et le descriptif peuvent apporter des indications.

→ **Les éléments de réponse à la question.** Une seconde lecture du texte doit être consacrée à la recherche d'éléments de réponse à la question posée. Elle doit s'appuyer sur les outils d'analyse du texte littéraire : progression du passage, réseaux lexicaux, figures de style qui mettent en évidence l'originalité de l'extrait.

3. Mettre au point le plan de l'exposé

→ **L'introduction.** Elle comporte deux phases : la première présente le texte (œuvre, auteur, date) ; la seconde explicite la question posée.

→ **Le développement.** Il prend appui sur le texte étudié, mais sans en faire une présentation exhaustive. La progression de l'exposé peut être thématique (deux ou trois pistes de lecture successivement explorées) ou linéaire (le texte est étudié du début à la fin de l'extrait).

→ **La conclusion.** Elle fait le bilan de l'exposé, en récapitulant les réponses apportées à la question et en proposant une interprétation personnelle.

Vérifiez votre préparation

- **L'analyse du texte** tient-elle compte de l'objet d'étude et de la question posée ? Utilise-t-elle les outils de l'analyse linguistique et littéraire ?
- **La mise au point du plan** comporte-t-elle bien trois étapes ?
- **L'organisation des notes** met-elle en évidence les grandes parties de votre exposé? Les renvois au texte sont-ils indiqués clairement ?

L'exposé oral

OBJET D'ÉTUDE | Écriture poétique et quête du sens, du Moyen Âge à nos jours

Intitulé de la séquence : Les poètes face à la guerre

Question de l'examinateur
À travers quels procédés Victor Hugo dénonce-t-il la « bêtise de la guerre » ?

Bêtise de la guerre

Ouvrière sans yeux, Pénélope imbécile,
Berceuse du chaos où le néant oscille,
Guerre, ô guerre occupée au choc des escadrons,
Toute pleine du bruit furieux des clairons,
Ô buveuse de sang, qui, farouche, flétrie,
Hideuse, entraîne l'homme en cette ivrognerie,
Nuée où le destin se déforme, où Dieu fuit,
Où flotte une clarté plus noire que la nuit,
Folle immense, de vent et de foudre armée,
À quoi sers-tu, géante, à quoi sers-tu, fumée,
Si tes écroulements reconstruisent le mal,
Si pour le bestial tu chasses l'animal,
Si tu ne sais, dans l'ombre où ton hasard se vautre,
Défaire un empereur que pour en faire un autre ?

VICTOR HUGO, « Bêtise de la guerre », *L'Année terrible*, 1872.

Plan de la réponse (plan thématique)

Introduction : (contextualisation + thématique de la séquence)

1) Un titre engagé
Connotations (« bêtise »/ « bestiale », animalité), jugements de valeur (« imbécile », « mal », « se vautre »), etc.

2) La personnification de la guerre
Tour à tour « ouvrière », « Pénélope » (v. 1), « Berceuse » (v. 2), « buveuse de sang » (v. 5), « Folle » (v. 9), « géante » (v. 10) : multiplication des visages de la guerre.

3) La question rhétorique du poème
Poème = une seule phrase interrogative (fausse question) qui interpelle la guerre pour la dénoncer (chute du poème).

Conclusion : L'écriture poétique comme un combat, grandeur de Victor Hugo, écrivain de tous les genres et de tous les combats (cf. Les Misérables ou ses Discours à l'Assemblée).

EXERCICES

Exercice 1

1. Voici une série de questions posées pour guider l'analyse du candidat. Sur quel point particulier chaque question porte-t-elle ?

2. À quel objet d'étude se rapporte chacune des questions ?

- Quelle image du poète ce sonnet de Baudelaire propose-t-il ?
- Quelle vision de la famille Maupassant propose-t-il à travers le regard des personnages de Pierre et Jean ?
- Comment Dom Juan tente-t-il de convaincre Sganarelle de la justesse de son attitude envers les femmes ?

Exercice 2

OBJET D'ÉTUDE **La question de l'Homme dans les genres de l'argumentation**

1. Pour chacune des questions posées, quels sont les mots-clés ?

2. Quels éléments de l'objet d'étude peuvent servir pour répondre à ces questions (genre, contexte historique, histoire littéraire, etc.) ?

3. Pour chaque question, proposez une piste de réflexion sur le texte.

Questions de l'examinateur

a. Comment l'argumentation développée parvient-elle à être efficace ?

b. Pourquoi peut-on dire que Montaigne inverse la relation entre « sauvage » et « civilisé » ?

c. Comment l'écrivain humaniste s'implique-t-il dans son argumentation ?

Or je trouve, pour revenir à mon propos, qu'il n'y a rien de barbare et de sauvage en cette nation[1], à ce qu'on m'en a rapporté, sinon que chacun appelle barbarie ce qui n'est pas de son usage ; comme de vrai, il semble que nous n'avons d'autre mire[2] de la vérité et de la raison que l'exemple et idée des opinions et usances du pays où nous sommes. Là est toujours la parfaite religion, la parfaite police, parfait et accompli usage de toutes choses. Ils sont sauvages, de même que nous appelons sauvages les fruits que nature, de soi et de son progrès ordinaire, a produits : là où, à la vérité, ce sont ceux que nous avons altérés par notre artifice et détournés de l'ordre commun, que nous devrions appeler plutôt sauvages. En ceux-là sont vives et vigoureuses les vraies et plus utiles et naturelles vertus et propriétés, lesquelles nous avons abâtardies en ceux-ci, et les avons seulement accommodés au plaisir de notre goût corrompu.

MONTAIGNE, *Essais*, Livre I, Chapitre 31 « Des cannibales », 1580.

1. **Cette nation :** les Indiens du Nouveau monde (l'Amérique).
2. **D'autre mire :** d'autre vision.

Exercice 3

OBJET D'ÉTUDE Le texte théâtral et sa représentation

1. Analysez la question posée.

2. Quels éléments de réponse ne correspondent pas à la question posée ?

Question posée : À travers quelles situations et quelles répliques Ionesco exprime-t-il l'absurdité du monde dans cette scène ?

Éléments de réponse :

– La fonction du décor (noirceur, dépouillement)
– L'enfance difficile de l'auteur en Roumanie (vu en classe)
– Des répliques qu'on ne comprend pas
– Une pièce très jouée
– Des personnages dépourvus d'ambition et d'énergie
– Le poids des silences (didascalies)
– Des mouvements fréquents sur scène (didascalies)

Exercice 4

OBJET D'ÉTUDE Écriture poétique et quête du sens

1. Analysez la question posée.

2. Recherchez dans le texte l'ensemble des éléments qui permettent d'y répondre.

Question : Comment les répétitions soulignent-elles l'intensité des sentiments du poète ?

Ô triste, triste était mon âme
À cause, à cause d'une femme.

Je ne me suis pas consolé
Bien que mon cœur s'en soit allé,

Bien que mon cœur, bien que mon âme
Eussent fui loin de cette femme.

Je ne me suis pas consolé,
Bien que mon cœur s'en soit allé.

Et mon cœur, mon cœur trop sensible
Dit à mon âme : Est-il possible,

Est-il possible, – le fût-il,
Ce fier exil, ce triste exil ?

Mon âme dit à mon cœur : Sais-je,
Moi-même, que nous veut ce piège

D'être présents bien qu'exilés
Encore que loin en allés ?

Paul Verlaine, *Romances sans paroles*, 1874.

Exercice 5

OBJET D'ÉTUDE Le personnage de roman, du XVIIe siècle à nos jours

Construisez l'introduction et la conclusion de l'exposé oral du texte de l'exercice précédent en présentant rapidement le texte (œuvre, auteur, mouvement), puis en reformulant la question posée.

Exercice 6

OBJET D'ÉTUDE **Le personnage de roman, du XVIIe siècle à nos jours**

1. Après avoir analysé la question posée, retrouvez dans le texte des exemples qui illustrent les notes du candidat.

2. Choisissez un plan pour l'exposé en ordonnant les notes qui vous paraissent le mieux répondre à la question.

Question : En quoi Frédéric Moreau, le personnage principal de ce passage se révèle-t-il être une forme de « anti-héros » ?

Il passait des heures à regarder, du haut de son balcon, la rivière qui coulait entre les quais grisâtres, noircis, de place en place, par la bavure des égouts, avec un ponton de blanchisseuses amarré contre le bord, où des gamins quelquefois s'amusaient, dans la vase, à faire baigner un caniche [...]. C'était par-derrière, de ce côté-là, que devait être la maison de Mme Arnoux.

Il rentrait dans sa chambre ; puis, couché sur son divan, s'abandonnait à une méditation désordonnée : plans d'ouvrages, projets de conduite, élancements vers l'avenir. Enfin, pour se débarrasser de lui-même, il sortait.

Il remontait, au hasard, le quartier latin, si tumultueux d'habitude, mais désert à cette époque, car les étudiants étaient partis dans leurs familles. Les grands murs des collèges, comme allongés par le silence, avaient un aspect plus morne encore ; on entendait toutes sortes de bruits paisibles, des battements d'ailes dans des cages, le ronflement d'un tour, le marteau d'un savetier, et les marchands d'habits, au milieu des rues, interrogeaient de l'œil chaque fenêtre, inutilement. Au fond des cafés solitaires, la dame du comptoir bâillait entre ses carafons remplis ; les journaux demeuraient en ordre sur la table des cabinets de lecture ; dans l'atelier des repasseuses, des linges frissonnaient sous les bouffées du vent tiède.

GUSTAVE FLAUBERT, *L'Éducation sentimentale*, 1869.

Notes du candidat

- Un personnage inactif.
- L'écoulement du temps.
- Le rôle des verbes de perception.
- Le rapport avec les objets, le désordre.
- La syntaxe : construction accumulative des phrases.
- Incompréhension du monde ou incompréhension de soi ?

EXO-BAC

OBJET D'ÉTUDE :
Écriture poétique et quête du sens, du Moyen Âge à nos jours

Préparation

1. Lisez et analysez la question posée sur le texte suivant.

2. Faites le plan détaillé de l'exposé, en notant les références au texte.

Présentation orale

3. Par groupes de deux élèves, présentez chacun à votre tour en dix minutes votre exposé. Un élève joue le rôle de l'examinateur.

La question posée : Comment l'écriture poétique parvient-elle à retranscrire le moment de bonheur éprouvé par le poète ?

Au Cabaret-Vert

cinq heures du soir

Depuis huit jours, j'avais déchiré mes bottines
Aux cailloux des chemins. J'entrais à Charleroi.
– *Au Cabaret-Vert* : je demandai des tartines
De beurre et du jambon qui fût à moitié froid.

Bienheureux, j'allongeai les jambes sous la table
Verte : je contemplai les sujets très naïfs
De la tapisserie. – Et ce fut adorable,
Quand la fille aux tétons énormes, aux yeux vifs,

– Celle-là, ce n'est pas un baiser qui l'épeure[1] ! –
Rieuse, m'apporta des tartines de beurre,
Du jambon tiède, dans un plat colorié,

Du jambon rose et blanc, parfumé d'une gousse
D'ail, – et m'emplit la chope immense, avec sa mousse
Que dorait un rayon de soleil arriéré.

ARTHUR RIMBAUD, *Poésies*, 1891.

1. **Épeure :** fait peur.

Grille d'observation de l'exposé

Le déroulement de l'exposé	
La lecture du texte	
L'utilisation des notes	
Le recours aux citations	
L'attitude générale	
La qualité de l'expression	

MÉTHODE

Réussir l'entretien

L'exposé est suivi d'un entretien de dix minutes, guidé par les questions de l'examinateur. L'entretien a pour support le descriptif d'activités de la séquence du texte étudié. Les questions posées portent donc sur l'ensemble de la séquence, l'objet d'étude concerné, les lectures complémentaires ou cursives, ainsi que les travaux personnels.

1. Comprendre les objectifs de l'entretien

L'entretien prend la forme d'un dialogue entre le candidat et l'examinateur.

→ **L'ouverture sur la séquence.** L'examinateur peut vous interroger sur d'autres aspects de la séquence étudiée. Si le texte est extrait d'une œuvre intégrale, il s'agit de montrer qu'elle a été lue et comprise. Si le texte est extrait d'un groupement de textes, il s'agit de mettre ceux-ci en relation.

→ **L'ouverture sur l'objet d'étude.** L'examinateur peut interroger le candidat sur l'objet d'étude auquel le texte se rattache. Il faut alors montrer, sans réciter le cours, les connaissances acquises durant l'année : mouvement et histoire littéraire, caractéristiques du genre, œuvres ou auteurs représentatifs.

→ **L'ouverture sur les lectures personnelles.** L'examinateur peut interroger sur les lectures cursives faites durant l'année. Celles-ci, qui sont obligatoires, sont inscrites sur le descriptif d'activité.

2. Maîtriser les règles du dialogue

L'examinateur s'appuie sur les propos du candidat pour construire un dialogue ouvert. Il évite les questions trop techniques pour permettre un échange.

→ **L'écoute des questions.** Il faut être attentif aux questions qui sont posées. Celles-ci constituent souvent une aide destinée à guider le candidat. Il faut distinguer les questions qui relèvent de connaissances précises et celles qui appellent l'expression d'une réflexion ou d'un jugement personnels.

→ **La formulation des réponses.** Le langage utilisé est clair et adapté à la communication orale, il évite les constructions ou les termes familiers. Le candidat ne doit pas hésiter à demander que la question soit répétée ou reformulée, si elle n'est pas comprise. Il s'agit de prendre en compte les réactions de l'examinateur et de conserver son attention, en variant les tons, les débits et les intonations.

Évaluez votre entretien

- **Les réponses aux questions** s'appuient-elles sur la connaissance des objets d'étude, des textes ou des œuvres étudiés ?
- **La cohérence de la réflexion** apparaît-elle, à travers des réponses structurées et ponctuées par des termes d'articulation ?
- **L'écoute et l'attention** apportées aux questions qui sont posées sont-elles perceptibles dans les réponses apportées ?

L'entretien

OBJET D'ÉTUDE La question de l'Homme dans les genres de l'argumentation, du XVIe siècle à nos jours

Titre de la séquence : La question de l'Homme au siècle des Lumières

La question de l'exposé : En quoi cet article de l'*Encyclopédie* peut-il apparaître comme une réflexion philosophique et politique ?

Texte support pour l'exposé oral (extrait) :

AUTORITÉ POLITIQUE. Aucun homme n'a reçu de la nature le droit de commander aux autres. La liberté est un présent du ciel, et chaque individu de la même espèce a le droit d'en jouir aussitôt qu'il jouit de la raison. Si la nature a établi quelque autorité, c'est la puissance paternelle : mais la puissance paternelle a ses bornes ; et dans l'état de nature elle finirait aussitôt que les enfants seraient en état de se conduire. Toute autre autorité vient d'une autre origine que de la nature. Qu'on examine bien, et on la fera toujours remonter à l'une de ces deux sources : ou la force et la violence de celui qui s'en est emparé ; ou le consentement de ceux qui s'y sont soumis par un contrat fait ou supposé entre eux, et celui à qui ils ont déféré l'autorité.

DENIS DIDEROT, *article « Autorité Politique », Encyclopédie*, 1751.

Les questions posées lors de l'entretien

1. Pourquoi parle-t-on du « siècle des Lumières » ?

2. Pouvez-vous citer d'autres noms d'écrivains philosophes ? Quelles sont leurs grandes œuvres ?

3. Quelles sont les ambitions des auteurs de l'Encyclopédie ? À quels obstacles se sont-ils heurté ?

4. La pièce de théâtre de Beaumarchais qui figure sur le descriptif d'activité participe-t-elle, elle aussi, à cette interrogation des Lumières ? Pourquoi ?

5. Quelles seront les conséquences politiques de la contestation des philosophes ?

6. Quelles valeurs des Lumières conservons-nous encore aujourd'hui ?

EXERCICES

Exercice 1

1. Lisez la grille d'évaluation officielle ci-dessous. Quelles sont les qualités qui sont évaluées dans les deux parties de l'épreuve ?

2. Quelle est la qualité qui est évaluée seulement au cours de l'entretien ?

3. Quelles sont les rubriques du descriptif qui orientent les questions de l'examinateur ?

	Exposé	Entretien
Expression et communication	• Lecture correcte et expressive • Qualité de l'expression et de la langue orale • Qualités de communication et de conviction	• Aptitude au dialogue • Qualité de l'expression orale • Qualités de communication et de conviction
Réflexion et analyse	• Compréhension littérale du texte • Prise en compte de la question • Réponse construite, argumentée et pertinente au service d'une interprétation • Références précises au texte	• Capacité à réagir avec pertinence aux questions posées pendant l'entretien • Qualité de l'argumentation • Capacité à mettre en relation et à élargir une réflexion
Connaissances	• Savoirs linguistiques et littéraires • Connaissances culturelles en lien avec le texte	• Savoirs littéraires sur les textes, l'œuvre, l'objet ou les objets d'étude • Connaissances sur le contexte culturel

Bulletin officiel n° 1 du 2 janvier 2003 - Ministère de la Jeunesse, de l'Éducation nationale et des Sports.

Exercice 2

En vous aidant de vos connaissances sur les objets d'étude au programme, répondez oralement aux questions suivantes. Illustrez vos explications par un ou deux exemples développés.

1. Quels sont les grands genres littéraires au programme ? Lequel préférez-vous ?
2. À qui les didascalies, qui figurent sur le texte théâtral, sont-elles destinées selon vous ?
3. Quel est le dernier roman que vous avez lu ? Vous êtes-vous déjà identifié à un personnage de roman ?
4. En quoi le texte théâtral se distingue, pour vous, des autres genres littéraires ?
5. Le poème que vous avez étudié lors de l'exposé est un poème en vers libres. Pouvez-vous dire ce que cela signifie exactement ?

OBJET D'ÉTUDE :
Écriture poétique et quête du sens, du Moyen Âge à nos jours

Préparation

1. Par petits groupes de cinq élèves, recherchez l'ensemble des informations nécessaires à l'étude de ce poème : auteur et œuvre (*Les Regrets*), mouvement (la Pléiade), contexte historique (la Renaissance), objet d'étude (Écriture poétique et quête du sens).

2. Chaque élève prépare quatre questions qui pourraient être posées lors de l'entretien.

Présentation orale

3. Tour à tour, un élève pose ses questions à un autre. À l'aide de la grille page de gauche, le reste du groupe vérifie si les critères d'évaluation de l'entretien sont respectés.

TEXTE SUPPORT DE L'EXPOSÉ

Séjournant à Rome, Du Bellay exprime dans ses vers sa mélancolie du pays natal.

Vu le soin ménager[1] dont travaillé je suis,
Vu l'importun souci qui sans fin me tourmente,
Et vu tant de regrets desquels je me lamente,
Tu t'ébahis souvent comment chanter je puis.

Je ne chante, Magny[2], je pleure mes ennuis,
Ou, pour le dire mieux, en pleurant je les chante;
Si bien qu'en les chantant, souvent je les enchante :
Voilà pourquoi, Magny, je chante jours et nuits.

Ainsi chante l'ouvrier en faisant son ouvrage,
Ainsi le laboureur faisant son labourage,
Ainsi le pèlerin regrettant sa maison,

Ainsi l'aventurier en songeant à sa dame,
Ainsi le marinier en tirant à la rame,
Ainsi le prisonnier maudissant sa prison.

JOACHIM DU BELLAY, *Les Regrets*, sonnet XII, 1558.

1. **Soin ménager :** soucis de la vie quotidienne.
2. **Magny :** nom de l'ami auquel le poète s'adresse.

Crédits photographiques
24 © Ramon Senera / ENGUERAND / BERNAND (CDDS)
28 © Pascal GELY / ENGUERAND / BERNAND (CDDS)

Coordination éditoriale : **Christine Asin**

Édition : **Aude Benkaki**

Coordination artistique : **Evelyn Audureau**

Composition : **Alinéa**

Couverture : **Isabelle Jaffre**

Iconographie : **Agnès Schwab**

Fabrication : **Maria Pauliat**

ISBN : 978-2-09-161667-4

MIXTE
Papier issu de
sources responsables
FSC® C022030

« Le papier de cet ouvrage est composé de fibres naturelles, renouvelables, fabriquées à partir de bois provenant de forêts gérées de manière responsable ».

N° de projet : 10181094 - ALINEA - Dêpot légal: Août 2011
Imprimé en Espagne par Gráficas Estella S.L